教えてドラッカー
働く私はITでどこまで伸びるの?

経営・情報システムアドバイザー／アーステミア社長
森岡 謙仁 著

日経BP

◇はじめに

今日、世界的に経営環境は厳しさを増しています。

どんな組織であろうと、世界のリーダー的な組織が設定した基準に達しなければ、成功もしないし、生き残る望みもない。

これはドラッカーが『明日を支配するもの』（1999年）の中で述べたことです。何も競争をあおるのが意図ではありません。

21世紀に入ってから、老舗の優良企業と呼ばれた会社が破綻したり、公的資金の支援を受けたりする事態が後を絶ちません。その上日本では昨年、東日本大震災や原発事故がありました。自然災害も人災もそれらがのこした課題は、長期的にならざるを得ないでしょう。このような現状において、いずれの組織もこれまでの経営方法を見直し、革新的な試みをするべきだと、考えていると思われます。

少子高齢化や人口減少傾向は、国内市場の縮小、労働人口の高齢化と減少を意味します。会社、医療・介護機関、学校など非営利機関も影響を受けざるを得ません。

大切なのは、私たち一人ひとりの働き方です。

ドラッカーは、『ネクストソサエティ』（2002年）の中で、次のことを述べています。

コンピュータを使ってものごとを実際に行うという、情報リテラシーを身につけなければならない。

どのような組織であっても、IT（情報やコンピュータ）を仕事に活用するマネジメント（働き方）はますます必要です。本書は、自分と組織を成長させたい人のための自習書であり、テキストです。

ドラッカーの著作にある基本と原則だけでなく、働き方の改善とIT活用の事例を織り交ぜながら書きました。読者の皆様のお役に立てることを願っています。

◇もう一人のドラッカー

ドラッカーは「情報」についても高い見識を持っていました。マネジメント、法学、政治学、社会学、経済学、哲学、歴史学などの専門家だけではなかったのです。

１９０９年オーストリアのウィーンで生まれたドラッカーは、ハンブルク大学法学部夜間部に入学（１９２７年）し、昼間は商社の見習いとして働きました。授業にはほとんど出席せず、図書館で学び、その後、フランクフルト大学に編入し国際法の博士号を取得（１９３１年）します。二つの世界大戦と共に大人になったドラッカーは、より良い社会づくりとその実現方法の一つとしてマネジメントに生涯興味を持ち続けることになるのです。

マネジメントに関心を持ったのは、ヒトラー（新聞記者でもあったことから直接取材もした）がドイツの政権を握ったのを嫌い、イギリス経由でアメリカに移住（１９３７年）してからです。『産業人の未来』（１９４２年）を書き、すでに世界的な大企業であったＧＭ（ゼネラル・モーターズ）の調査を依頼され、その調査結果を『企業とは何か』（１９４６年）にまとめたことがきっかけでした。

ドラッカーは、『現代の経営』（１９５４年）の中で、コンピュータメーカーのＩＢＭを描きました。

仕事の成果を決定する人の働き方と「情報」の関係を明らかにしました。1960年代の初めの頃、IBMからコンピュータの普及について相談を受けました。

『マネジメント』(1973年)の中では、マネジメント(働き方)は、必要とする情報と、その流れにおけるその人の位置によって、規定されると述べています。

「情報とは何か」「人は情報によって、動機づけられ仕事に責任をもって取組めること」「情報によって、働き方と組織がどのように変わるべきか」を説いたのでした。

『明日を支配するもの』(1999年)では、現代は情報革命の時代であり、これから本格的に働き方と組織が変わること、情報が多くなれば顔を合わせる必要性が増すことも述べています。晩年の著書である『ネクスト・ソサエティ』(2002年)においても、未来の組織は情報を基盤とする組織であることや情報責任の重要性を私たちに教えてくれました。2005年に帰らぬ人になってもなお、**マネジメントと「情報」についてのドラッカーの考え方は輝きを増しているように思います。**

◇目次

はじめに …3
もう一人のドラッカー …5

［序章］
あなたが求める働き方がドラッカーにある

Q1 ドラッカーが目指した組織の姿とは …14
Q2 組織の健康とは …20
Q3 働き方（マネジメント）の方法は？ …24
Q4 働き方の方向性とは／5つの重要な質問 …28
Q5 働き方の目標を決めるには …32
Q6 働き方を評価するには／マネジメント・スコアカード …34
Q7 グローバル企業になるためには …38
Q8 21世紀の組織と私たちの働き方は …40

［Ⅰ章］
お客様づくりの事業戦略

Q9 お客様づくりの基本とは …46

Q10 お客様の基盤を見直すには……54
Q11 リピーターを増やすには……60
Q12 ロイヤルカスタマーをつくるには……64
Q13 クレームへの対応は……72
Q14 ノンカスタマーをつかむには……76

[Ⅱ章]
マーケティング

Q15 倒産した技術者集団……82
Q16 売れる商品をつくるには……90
Q17 自ら売れる仕組みづくりとは……94
Q18 事業を伸ばす情報とは……98
Q19 POS情報を活用するには……102
Q20 お客様満足はマーケティングの仕事？……106
Q21 マーケティングの目標と成果は……110

[Ⅲ章]
イノベーション

Q22 イノベーションとは……118
Q23 イノベーションをマネジメントするには……122
Q24 イノベーションのきっかけをつかむには……126

Q25 経済連鎖におけるイノベーションとは……132
Q26 機械化によるイノベーションの限界は……140
Q27 イノベーションのための組織づくりとは……144
Q28 在庫管理と物流のイノベーションとは……150

[Ⅳ章] 人的資源の活用

Q29 誤解されたマネジメント……158
Q30 誤解された目標管理……166
Q31 能力開発とスキルの見える化とは……170
Q32 人的資源の目標設定は……176
Q33 起業家精神をどう育成するか……180
Q34 会議の価値を上げるには……184
Q35 情報責任と情報リテラシーとは……190
Q36 グローバル人材を育成するには……196

[Ⅴ章] 経営資源の生産性を上げる

Q37 生産性の目標とは……202
Q38 在宅医療・介護の生産性を上げるには……206
Q39 営業の生産性を上げるには……212

Q40　事業所・設備の生産性を上げるには……216
Q41　人材教育と学びの生産性を上げるには……220
Q42　電子カルテを活用するには……224
Q43　ホワイトカラーの生産性を上げるには……228
Q44　ものつくりの生産性を上げるには……232

［Ⅵ章］社会的責任

Q45　社会的責任の原則とは……238
Q46　環境対策とは……224
Q47　医療・介護の地域連携とは……250
Q48　節電と発電対策に何が有効か……258
Q49　ＩＴトラブルの未然防止とは……262
Q50　事業継続管理（ＢＣＭ）とは……266
Q51　社会の課題解決を本業にするには……270
Q52　ＩＳＯ２６０００の情報マネジメントとは……276

あとがき……283
参考文献……285

［序章］

あなたが求める働き方がドラッカーにある

Q1 ◆ ドラッカーが目指した組織の姿とは

Q2 ◆ 組織の健康とは

Q3 ◆ 働き方（マネジメント）の方法は？

Q4 ◆ 働き方の方向性とは／5つの重要な質問

Q5 ◆ 働き方の目標を決めるには

Q6 ◆ 働き方を評価するには／マネジメント・スコアカード

Q7 ◆ グローバル企業になるためには

Q8 ◆ 21 世紀の組織と私たちの働き方は

仕事の現場では、マネジメントという言葉をよく聞くようになりました。

ところが、マネジメントを口にする人は、**それぞれの考えるマネジメントつまり、自己流の働き方を持っているように**感じます。それぞれの人が、自分なりの仕事のやり方を持っていて当然です。

それが上手く行っているうちは、まだ良いのです。

21世紀になってからも経済と市場の変化は激しく、課題や問題を抱えていない組織は無いと思います。しかし、自己流の働き方で、乗り切れる保証はありません。

マネジメントの父と呼ばれるドラッカーが目指した働き方（経営）とは、どのような姿をしているのでしょうか。各論に入る前に一緒に確認をしておきましょう。

働く意味は、貢献にある

人はなぜ、働くのでしょうか。一人では生きて行くことができないからです。他人との関わりの中で生きて行くには、他人にメリットを感じてもらう必要があります。反対に、自分だけがメリットを感じていても、人間関係は続かないことを誰でも知っています。

働くことは、貢献することです。

他人に喜んでもらえたとき、また働こうと思います。これが、貢献なのです。

ドラッカーに学び、より良く働く

他人と関わりを持ちながら生きて行くには、他者への貢献が無くてはなりません。しかし、一方が貢献し続けるだけであったら、その人間関係は続かないことを誰でも知っています。また、互いが自分の要求だけを主張し続ければ、争いが起き人間関係は壊れてしまいます。できればルールの無い争いは避けたいものです。スポーツにはルールがありますから、互いの強みをぶつけ合っても健全な人としての成長を期待できます。

働くことにもルールがあるとしたら、互いの強みを活かし合うことができるのです。

ドラッカーは、自分の強みである文筆と教育の分野で、生涯（96歳近くまで）現役で働き続けた人です。彼の実家を訪ねた人は皆、「質素な生活をしている」という印象を語っているのが印象的です。

最大の幸福を求めるのではなく（少し我慢をして）、互いの強みを活かしてより良い組織と、より良い社会をつくるための働くルールがドラッカーの「マネジメント」なのです。一緒に学びましょう。

Q1 ドラッカーが目指した組織の姿とは

ドラッカーは、晩年の著書のひとつ『明日を支配するもの』（1999年）「日本の読者へ」の中で、世界が求めている組織の理想像について、次のように表現しています。

成果をあげる機関であるとともに、個々の人間にとってコミュニティーでもある組織を必要としている。

これはドラッカーが組織の理想を描いたビジョンだといっても良いでしょう。

成果をあげる機関の意味は、社会に貢献する組織の意味でもあります。

例えば、雇用です。雇った従業員を生活の不安に陥れる経営などは決して良いとは言えません。

そのために会社は、事業から収益を得る必要があります。これも広い意味の成果の一つです。

だからといって、**営利組織であっても、単に給料をもらうために働く場所だとは割り切らないの**

です。

■事業（組織）の目的は何か

「ユニクロ」で知られるファーストリテイリング（柳井正社長）のステートメント（企業理念）は、「服を変え、常識を変え、世界を変えていく」というものです。

このような会社の理想の姿、ビジョンを実現するには、「ビジョンを実現しよう」という人の意志が必要です。組織のメンバーは、二人以上、数万人の場合もあります。一人ひとりが持つ能力や仕事の方向性がバラバラであったら、推進力にブレーキをかけるのと同じです。ビジョンは実現できないに違いありません。

運動会の綱引きでは、メンバーの全員が自分の力を、綱を引くことに集中します。

組織が成果をあげるのも同じ理屈です。組織が成果をあげるためには、全員が集中すべき目的が必要です。ドラッカーは『現代の経営』（1954年）や『マネジメント』（1973年）の中で次のように云っています。

事業の目的はお客様づくり（顧客創造）である。

この言葉から連想するのは「顧客の数を増やすこと」だと思います。しかし、ドラッカーが言いたかった「お客様づくり」の意味は、これだけではありません。

例えば、「お客様の人生の質を高める」などの意味も含まれるのです。

「**成果は組織の外にある**」は、ドラッカー「マネジメント」の精神です。

自分の仕事の受け手や仕事の結果を利用する人は、すべてお客様です。お客様よりも自分の組織を優先したり、保身を動機に意思決定したりすれば、徐々に内向きになり、お客様の支持を得られなくなるでしょう。

■病院や学校など非営利組織の目的は

また、ドラッカーは、病院、学校、介護施設、NPOなど非営利組織などの社会セクターの目的について、次のように云っています。

社会セクターの機関の目的は、人間を変え、人間の社会を変えることにある。

全員がこの言葉を自分達の組織の目的であると自覚すれば、一人ひとりの個性が働き方を通して、無駄なく組織の成果に結びつくに違いないのです。

■ドラッカーが説いた会社の成長とは

お客様づくりや成果について、もう一つ気になることがあります。それは「会社の成長」の意味です。素直に考えれば、お客様づくりをして成果を求めていけば、会社はどこまでも大きくなって当たり前だと、考えてしまいます。

ドラッカーが説いた会社の成長とは、売上高や従業員規模の拡大をひたすら求めることではありません。『マネジメント』（1973年）の中で次のように述べています。

売上高10億ドル企業になりたいは道理をわきまえた目標ではない。成長目標は、むしろ売上高のような量的な目標ではなく経済的で質的な目標でなければならない。

さらにそれぞれの会社には、適正な規模がある、というのです。読者の中には、がっかりした人もいるかも知れません。

同書の中にある次のたとえ話も、ドラッカーが目指す会社の姿を示しています。

樹木の年間消費料の増大は森林害虫のまいまい蛾にとっては、合理的な目標になり得る。しかし製紙会社にとっては、意味のない目標である。

つい勢いあまって成果主義を追求しすぎると、このような目標を掲げてしまいがちですが、地球の資源が無限ではないこと、人間を含めた多様な生物のバランスによって生態系が維持されていることを忘れて良いはずはありません。

この例え話からも、ドラッカーが目指した組織が、売上高や従業員規模の拡大など量的なものではないことがわかります。

■最適を求める働き方

ドラッカーは、事業を行なうには、市場における地位（たとえば地域一番店など）の目標が必要であると言っています。ところが、市場地位の目標は、最大ではなく最適であるとも言っているのです。矛盾しているように思いますが、ドラッカー「マネジメント」の考え方の特徴をよく表しています。

つまり、やみくもに最大を目指すのではなく、社会的な課題を解決する本業において、一番を目指しつつも、常に組織の健康を維持できる最適な規模で働くことの大切さを云っているのです。

Q2 組織の健康とは

ドラッカーが説いた、組織の成長の目標は質であるという意味は、どういうことでしょうか。これを示す事例があります。

労働災害と収益性の悪化に苦しんでいた世界的なアルミメーカーのアルコアを、業績も組織の健康も回復させたドラッカーのアドバイスがあります

「会社はあなたに敬意を払っていますか」
「あなたの仕事で必要な教育訓練に対して、会社は支援をしていますか」
「あなたが会社に貢献していることを会社は知っていますか」

この3つの質問を従業員にして、全員がイエスという会社を目指しなさい、というのがドラッカーのアドバイスでした『P・F・ドラッカー　理想企業を求めて』。このアドバイスに従って経営努力

を続けた結果、「アルコアの決算業績が米国企業の決算状況を代表する」とも言われるようになったのです。

このことからも、組織の成長を示す質、組織の健康とは、利益ではなく収益性やキャッシュフローであり、そこで働く人達の成長であり、人間としての尊厳が認められていることからくる満足感であることがわかります。

■マネジメントの視点を持つ

ドラッカーは、マネジメントについて三人の石工の話に例えています。

ある人が石切り場で三人の石工に「何をしているのか」と質問をしたところ、次のように答えました。

第一の石工は「生活のためにしている」

第二の石工は、「石切の最高の仕事をしている」

第三の石工は、「教会を建てている」

この中で第三の石工が真のマネジメントだと、ドラッカーは云うのです。

第一の石工も第二の石工もダメだということを言っているのではありません。第三の石工の視点、**仕事の目的を自覚して働くことが、大切である**というのです。

確かに、変化する社会のニーズ（「教会を立てている」という仕事の目的）を自覚し、その期待に応えることができなければ、単に趣味の世界と同じです。ましてや現代のように多様化した社会のニーズに応えるには、自分以外の専門家との連携が上手くできるかどうかにかかっています。

第一の石工も第二の石工も、**あと一つ、マネジメントの視点を持つことが大切ではないでしょうか。**

■マネジメントとは「働き方」「働く人」のこと

ドラッカーは、マネジメントには3つの役割、働きがあるといいます。

1 組織の目的とミッション（使命）を果たす
2 仕事を生産的にし、働く人の成果を引出す
3 社会への影響を処理し、社会的責任を果たす。

またこれらを実行する上では、**時間の使い方が大切である**といいます。これは、今日の仕事は、過去の仕事の結果であると同時に、明日以降の仕事に影響を与えるものであることからも明らかです。

さらに、マネジメントは仕事を管理（定めたことをきちんと行うという意味で）することと、明日の仕事をつくりだす（起業家的な意味の）ことを、合わせて実行することが求められるのだと説いているのです。

さらにドラッカーの云う社会的責任には、積極的な意味の社会貢献も含まれます。

ここまで、マネジメントの役割と働きについて述べてきましたが、もう一つ大事なことがあります。それは、マネジメントと云う言葉は「マネジメントする人」つまり、人物をも指す言葉だということです。

マネジメントという言葉は、組織における「働き方」を指すのと同時に、それを行う人物つまり「働く人」を指す言葉でもあるのです。

Q3 働き方（マネジメント）の方法は？

軽はずみな気持ちや自己流の働き方（マネジメント）をして、成功するほど仕事は甘いものではありません。ドラッカーは、マネジメントの役割を明らかにしただけではなく、その方法についても体系化しました。『現代の経営』、『マネジメント』の二つの著作を通じて、それまでの学者や経営者が述べたことを分析して、マネジメントつまり働き方の体系化に成功したのです。これをもって、彼は「マネジメントの父」と呼ばれているといってもよいでしょう。

その後もドラッカーは、時代に合わせてマネジメントの改善を続け、その完成度を高めることに生涯を捧げたといっても過言ではありません。

ドラッカーが説いたマネジメントの体系には、以下の5つの柱があります。

1 事業の定義、（Q3参照）
2 5つの重要な質問、（Q4参照）

3 8つの重点領域目標、（Q5、Q6参照）
4 マネージャーの評価表、（Q6参照）
5 マネージャーズ・レター（Q30参照）

これらの考え方は、**自己目標管理というドラッカーの考え方で一貫しています。**どの組織においても共通するマネジメントの考え方の基本です。

■「何をしているのか」と尋ねられたら／事業の定義

もし私たちが石工であり「何をしているのか」と尋ねられたらどう答えますか?

ドラッカーは、以下の3つの質問を自らに問うように云っています。


「私たちの事業は、何であるか」：現状はお客様にどのように理解されているのか。

「私たちの事業は、何になるか」：将来は、どのように理解されたいのか。

「私たちの事業は、何であるべきか」：現状と将来を考えたら事業はどうあるべきか。


この3つの質問は、組織の目的やミッションを明らかにするとともに、組織で働く人の努力を無駄なく結集する力をもっています。

ドラッカーは、**ＩＢＭがコンピュータ事業で成功したのも、この３つの質問を自ら問いかけたことだと説明しています。**

それは、長い間「私たちの事業はパンチカードによるデータ処理を提供する」としていたものの、「私たちの事業は何になるか」と問うことで、顧客やそのニーズの変化と他社のコンピュータ技術の動向の変化を分析し、その結果、「私たちの事業は、コンピュータによるデータ処理を提供するべきである」と、定義を改めたことが、その後のコンピュータ事業の成功につながったのだというのです。

こうして「私たちの事業は何であるべきか」の問いに答えることで、事業の方向性が見えてきます。しかし、まだ目的やミッションは明確ではありませんし、経営資源（ヒト、モノ、カネ）の使うべき場所も使い方も、明確ではありません。

つまり、私たちの働く場所や分野、何を、いつまでに、どうしたら良いのか、どのように経営資源を使うべきなのかなどをハッキリさせる、事業戦略がまだ明確になっていないのです。

私たちが理解したセブンイレブン

もうひとつ事業の定義の例として、コンビニエンスストアのセブンイレブンをあげます。

この会社が、日本で最初に行なったテレビコマーシャルが、「開いててよかったセブンイレブン」でした。当時、高度成長期の日本では、働く人の生活スタイルも多様化していきました。朝早くから夜遅くまで営業するこの店は、地域の消費者に「生活必需品を買う時間的な利便性を提供する」ことで、急成長したのです。

急成長した原動力は、お客様からの支持に他なりません。セブンイレブンの営業スタイル（長時間営業や品揃え）を私たちは体験するうちに、セブンイレブンの事業の定義を私たちなりに理解し支持しているのです。

Q4 働き方の方向性とは／5つの重要な質問

ドラッカーは、働き方の方向性（事業戦略）を検討するために、5つの重要な質問を自らに問うことを教えています。

「私たちの目的とミッションは何か」
「お客様は誰か」
「お客様の望む価値は何か」
「私たちの成果は何か」
「私たちの計画は何か」

コンビニエンス・ストアのセブンイレブンを例にあげて説明します。
これを5つの重要な質問に当てはめると以下のようになります。

「私たちの目的とミッションは何か」……地域の消費者に生活必需品を販売する
「お客様は誰か」……店舗をとりまく比較的狭い地域の消費者
「お客様の望む価値は何か」……朝早くから夜遅くまでという、買い物の利便性
「私たちの成果は何か」……売れ筋の生活必需品を絶やさず供給する店舗
「私たちの計画は何か」……全国的なチェーン店を運営する体制の維持

その後は、バブルが崩壊し、今日のように世界的な不況が続く経済環境になってしまいました。この間、「お客様が望む価値は何か」「私たちの成果は何か」を問い続け、事業内容を継続的に変化させ続けた結果、銀行預金の引き出し、チケットの購入、インターネットショッピングとの連携、公共料金の支払い窓口などの新たなサービスを次々に地域の消費者に提供し続けてきました。

このような経営は、先発のセブンイレブンだけではありません。特に最近では、少子高齢化と単身世帯が増加する国内市場が、コンビニエンスストア業界に事業の定義の見直しを迫り、事業戦略の見直しを迫っていることは明らかです。

その一つの例として**地域住民の買物依頼に対する配達サービスがあります**。これは、買い物の利

便性を提供するという経済的なニーズだけではなく、**「独居高齢者の生活を見守る」という新たな社会的ニーズを満たす**ことにつながるものです。

実は、このようなことは、映画「ALWAYS三丁目の夕日」で思い出させてくれた昭和30年代の日本では、一般の最寄り品店でも行われていたことでした。今でも田舎には残っている商習慣であり生活習慣なのです。

部門の場合

働き方の方向性を考える手順としての5つの重要な質問は、会社や組織の働き方や事業全体の働き方の方向性を考えるだけでなく、会社であれば営業部門や製造部門、病院であれば医局、看護部、事務部などの部門でも有効です。

ある製造会社の営業部門を例に考えて見ましょう。

「私たちの目的とミッションは何か」……当社製品の販売を通じてお客様づくりを行なう

「お客様は誰か」……当社製品を扱う得意先（特約店と販売店）

「お客様の望む価値は何か」……当社製品を取り扱うことによる安定した経営
「私たちの成果は何か」……得意先の安定した経営に貢献する営業活動および、当社製品の新規ユーザーの開拓とロイヤルカスタマーの育成
「私たちの計画は何か」……地域別営業戦略、年間営業活動計画

会社や組織の働き方や事業全体の働き方の方向性を明確にした後、自分が所属している部門の働く方向性を明確にすることは、一人ひとりの働き方の方向性を明確にするためには大切なことなのです。

Q5 働き方の目標を決めるには

ドラッカーは、『マネジメント』の中で、次のように云っています。

事業の定義があって初めて、目標を設定し、戦略を発展させ、資源を集中し、活動を開始することができる。

つまり、事業戦略を日常業務として具体化するためには、次の8つの重点領域について、目標を決める必要があると云うのです。

1 マーケティング（【Ⅱ】章、参照）
2 イノベーション（【Ⅲ】章、参照）
3 人的資源（【Ⅳ】章、参照）

4 物的資源（**【Ⅴ】章、参照**）
5 資金（**【Ⅴ】章、参照**）
6 生産性（**【Ⅴ】章、参照**）
7 社会的責任（**【Ⅵ】章、参照**）
8 条件としての利益（**序章、参照**）

ドラッカーは、財務でいう利益は、企業の経済的な一面を表したに過ぎず、企業の未来のためのコストであり、存続のための条件であると云っています。

単に最大の利益を動機とする経営に対しては否定的でした。

ドラッカーによれば事業の目的はお客様作りですから、社会的責任と同じように目標の中でも、最上位の目標に値するものだといえます。そこで著者は、8つの重点領域の最上位には、お客様づくりと社会的責任をおきました。

また、事業の目的である「お客様づくり」については、本書各論の**【Ⅰ】お客様づくりの事業戦略**でお話します。

Q6

働き方を評価するには／マネジメント・スコアカード

8つの重点領域目標は、組織、部門、チームとして設定します。その目標の実現は、働く人一人ひとりにかかっています。特に、部下をもつ上司は、次の4つの分野において、自分の働き方を評価するべきだと、ドラッカーは言います（『乱気流時代の経営』）。

1 投資の分野：設備、特許取得、IT関連、業務提携、企業買収など。
2 人事の分野：研修、採用、人事異動、人事制度の改善など。
3 イノベーションの分野：新製品、新サービス、業務改善など。
4 戦略の分野：8つの重点領域のうち、特に自分が集中する領域など。

事業戦略は、8つの重点領域目標とマネージャーの評価表で行うことが可能です。

ドラッカーの8つの重点領域目標(マネジメント・スコアカード)の例

目標領域	主な経営活動	測定指標
社会的責任と顧客創造	社会貢献の推進 顧客育成プロセスの監視・統制 リピート率の向上 顧客満足度の向上	難民支援額、障がい者比率、リサイクル件数 顧客分析(ロイヤルカスタマーの数含む) 来店客数(来店者数、購買者数) 顧客購買分析(維持率、離反率、客単価) 顧客リピート分析 アンケートによる顧客満足度分析 クレーム分析(クレーム数、対応満足度)
マーケティング	潜在顧客の掘起し強化 WEB マーケティングの強化 顧客の声の収集力の強化 マスメディアの活用 既存製品の市場位置の確保 的確な宣伝広告の維持 市場内シェアの向上	WEB サイト登録者数、イベント参加者数 ユーザーブログリンク数、サイトアクセス分析 アンケート分析(顧客層、見込み客、ユーザー) 新聞に掲載された取材記事数 TV 放映数(社長、会社、商品) 既存製品売上高(リピーター、新規顧客) 既存製品廃棄分析 チラシ・メルマガ配布効果分析(店舗、商品)、TV-CF 効果分析、市場シェア分析(店舗、商品)
イノベーション	製品開発力の強化 市場開拓力の強化 業態開発力の強化 生産拠点の開拓 物流ルートの効率化 業務プロセスの改善強化	新製品発売数、新製品成長率、新製品販売比率 新製品売上高(既存顧客、新規顧客)、 製品開発時間、新製品開発コスト、 既存製品新市場開拓額、新製品新市場開拓額、 立地分析(地域別世帯構成、購買力統計) 業態開発企画数、新業態開発数 海外取引比率(インドネシア、中国) 物流ルート分析(時間、配送コスト、物量) 業務改善提案数(社員、アルバイト)
人的資源	組織能力の向上 経営管理者の能力強化 一般従業員の能力強化 IT 部門の能力向上	全員情報発信の徹底率 店長人材の人数、グローバル人材教育の受講人数 業務改善の提案数 有能な IT 部門メンバーの数
経営資源	人的資源の充実 資金調達と運用の効率化 未来費用としての利益確保	離職率 有利子負債額 当期利益額
生産性	人的生産性の向上 店舗効率の向上 資金生産性の向上	一人当たり売上高 店舗当たり収益性(新店舗、大型店、新業態) 投資利益率(店舗、イベント、宣伝広告)

(注)ファーストリテイリングの経営を研究し、著者が作成

著者は、この2つを合わせてマネジメント・スコアカード*と呼んでいます。

■目標設定の手順は

働く人にとって日々の仕事に対する時間の使い方や、こだわって集中すべき仕事を見極めるためには、所属している会社や組織の目的や目標を理解し、部門やチームの目的や目標を理解し、それに沿って働く必要があります。その手順は次の通りです。

1 事業や会社について、5つの重要な質問に答え、8つの重点領域目標を設定する。
2 部門について、5つの重要な質問に答え、8つの重点領域目標を設定する。
3 チームについて、5つの重要な質問に答え、8つの重点領域目標を設定する。
4 マネージャーは、5つの重要な質問に答え、マネージャーの評価表を使い目標を設定する。
5 個人は、5つの重要な質問に答え、マネージャーズ・レターを使い目標を設定する。

情報は人によって管理されるためのものではなく、自分を管理するためにある。
これは、ドラッカーが『マネジメント』の中で云っていることです。

■評価の手順は

事業にはじまり個人まで、お客様つまり仕事の受け手の満足度によって、仕事の評価が決まります。お客様の満足度が高ければ、成果として認められたことです。社内においては、一緒に仕事をする仲間の満足度を無視できません。お客様に支持されて長続きするのです。自己満足で終わってはならないのです。それでは、評価の手順はどのようにしたら良いのでしょうか。

1 事業や会社について、8つの重点領域目標を使い期待したことと実績とを比較する。
2 部門について、8つの重点領域目標を使い期待したことと実績とを比較する。
3 チームについて、8つの重点領域目標を使い期待したことと実績とを比較する。
4 マネージャーは、マネージャーの評価表を使い期待したことと実績とを比較する。
5 個人は、マネージャーズ・レターを使い期待したことと実績とを比較する。

＊　マネジメント・スコアカード
ドラッカーが『現代の経営』（1954年）の中で述べた「事業戦略を実現するためには、複数の目標領域のバランスをとることが重要である」としたもので、ドラッカー自身のコンサルティングで使用していたといわれている（参考：「『マネジメント・スコアカード』体系化の試み」（藤島秀記、ドラッカー学会年報2008年））。

Q7 グローバル企業になるには

スウェーデンが生んだ世界的な家具メーカーＩＫＥＡ（イケア）の店舗では、ショールームの入り口で用意された専用のメモ用紙と鉛筆をもち、テーマごとに演出されたコーナーで欲しい商品の型名をメモ用紙に書いていきます。商品を選択し終わると、巨大な倉庫でダンボールのまま積まれている商品を、自分でカートに載せるが、もちろん手伝ってもくれる。代金の精算はセルフ方式である。広々としたカフェテリア風の食事スペースと子供が自由に遊べる遊戯広場まであります。ＩＫＥＡの競合は、家具販売業を営む企業ではなく、ディズニーランドのようなアミューズメントパークなのです。

このような全体のマネジメントを支えているのは、「誰にでも楽しみながら買い物をして欲しい」というコンセプトからはじまり、合理的効率的な業務プロセスとそれを支える情報システムや従業員の教育システムにあるのです。

企業、大学、病院、どんな組織であろうと、世界のどこかのリーダー的な組織が設定した基準に達しない限り、生き残る望みも単独で成功することも無い。

ドラッカーは、『明日を支配するもの』（1999年）の中で、このように指摘し、いずれの組織も世界的な競争力の強化を事業戦略の目標にするべきだと云うのです。

経済の国際化とIT（情報技術）による情報の国際化に対応した多国籍企業は、グローバル企業と呼ばれるものに発展したと、ドラッカーは云います。

■世界的に活動するだけがグローバルではないが

日本には、世界的な商品シェアを持つ中小企業が数多く存在します。これらの会社は、自社の本業で磨き上げた商品や技術力が世界から指示された結果です。たとえ一地域だけで事業を営めば良いとしても、グローバルで成功している会社や組織の働き方に学び、実践することが大切であると思われます。

Q8 21世紀の組織と私たちの働き方は

ドラッカーは、コンピュータの専門家ではなかったのですが、IBMが彼のクライアントであったことも手伝って、ITの動向とそれが企業経営におよぼす影響を早くから見抜いていました。ドラッカーは、『マネジメント・フロンティア』（1986年）の中で、21世紀の組織を描いていました。これは次の言葉に表れています。

未来の組織は、情報を基盤とする組織、つまり情報基盤組織である

ピラミッド型をした組織で、部下はトップダウンの命令に従う組織、軍隊式の組織とは、かなり違います。わかりやすく言えばオーケストラをイメージしたフラットな組織であり、多様性（ダイバーシティー）を含んでいるとドラッカーは云います。

21世紀に入ってから急速に発達したＩＴ技術は、生活スタイルや働き方までどんどん変えています。

今や小学生からお年寄りまでスマートフォンを使っています。このスマートフォンは、電話としての機能というよりも、映像や音楽、電子メールなどコンピュータの機能がはるかに多いのです。10年前には考えられなかったことです。

ＩＴ技術を使いこなす働き方は、当たり前になったのです。

例えば、書籍のインターネット販売からスタートした米アマゾン・ドット・コムでは、受注から出荷までのほとんどの仕事をＩＴによって行っていることでも有名です。

■ますます重視される企業の社会的責任

一方で、２０１０年11月にＩＳＯ２６０００「社会的責任に関する手引」が発行され、これまで環境保護やコンプライアンス（法令順守）など部分的であった会社と社会・自然環境とのかかわりが総合的に整理されました。この手引（ガイドライン）の目的は、「組織の持続可能な発展への貢献を助けることを意図している」としています。

この意図が組織のエゴに終わらないためには、ドラッカーが説いた「社会の課題を事業として取り込み解決する組織の働き方」を実践する必要があります。

例えば、従業員の約7割の方が知的障害者で経営する日本理化学工業（本社　川崎市）から多くを学ぶことができます。大山隆久社長が考えたことは、一人ひとりを良く見て、何ができて、何ができないのかを理解していき、「それぞれに合わせて製造工程を考えた」というのです。まさにこの一言は、社会的責任を実践する企業でこそ言える言葉です。

21世紀に求められる働き方

ドラッカーの考え方の中から、今後求められる働き方をまとめると次のようになります。

1 グローバル企業と共生できる仕事の仕組み（システム）をつくりあげる。
2 社会的な課題を解決する責任を果たし、より良い社会づくりに貢献する。
3 人の働き方を支援するＩＴ活用を推進する。

「人の働きをＩＴで支援する」などＩＴ活用をさらに進めるべきです。

例えば、ホンダにそれを見ることができます。製造工程での作業者の身体的な負荷を軽減するために、ＩＴを活用して各作業の身体的な負担を数値化し、改善のために製造設備を改善しているのです。製造設備の改善にもＩＴで自動化を進めるなどの改善もしています。特筆すべきことは、このようなソフト開発を担当しているのは、人事部安全衛生管理センターの従業員だということです（日経産業新聞、２０１２・５・10）。

■私たちの働き方

私たちの働き方は、ＩＴについてどのように変化していくべきでしょうか。

必要なのは、誰が、どのような情報を、いつ、どこで必要としているか、という問いを発する意志である。

これはドラッカーが、情報を基盤とした組織（情報基盤組織）を説明した言葉です。

一人ひとりは、このように自らに問うことで、互いに情報に対して責任をもち、互いに情報（ＩＴも含めて）を活用し合って、より良い働き方をしていきたいものです。

KEY WORD

●グローバル企業

ドラッカーは、1990年代から資金と情報の流れが世界的になりグローバル企業を生み出したと云います。それまでの多国籍企業では、他国の子会社は本国企業のクローンであった。グローバル企業は、国籍を超えたマネジメント・チームによる、パートナー企業の連合体として強みを生かした経営を行ない、成果を上げている。今後は、戦略によって一体性を保ちながら、株主、知識労働者、各国の地域社会との利害調整などのバランスが重要になると見ていました。

●情報基盤組織(Information-Based Organization)

『マネジメント・フロンティア』(1986年)の中で、「情報基盤組織」を発表したのがドラッカーです。その時すでに、25年を過ぎた現在、ITなしで仕事ができない、組織が動かない状況を予見していました。社長から従業員まで、自己規律と責任を要求するリーダーシップが問われると言ったのです。その後、フラット型の組織に成らざるを得ないこと、組織の全員に情報責任があることを説きました。

今日問題にされる情報事件(粉飾決算、個人情報漏洩、ITシステムトラブルなど)の未然防止策、今後の組織のあり方を示唆しています。

● ISO26000

2010年10月に正式に発行した「社会的責任に関する手引」であり国際的なガイドライン。その目的は「組織の持続可能な発展への貢献を助けることを意図している」としており、対象となる組織は、国家主権を行使する政府組織を除いた、組織(会社、労働組合、学校、医療、介護、NPO、地域組織など)としています。

2001年から検討が開始され、99ヶ国470人もの代表が参加した作業部会によって作成され合意された意義は大きいでしょう。

●ダイバーシティ

多様性(性別、人種、国籍、信仰、年齢などによる差)を尊重し、処遇に差をつけないという人事管理の用語。グローバル化した時代においては、国内で活動する企業にも他国の同僚と一緒に働くことが増加しています。先進国においても、女性の管理職比率が低いなど改善の余地があると言われています。ドラッカーは、多元性(価値観が違う)についても、多様性と同じく尊重して働く(マネジメントする)ことを説いたのです。

［第Ⅰ章］

お客様づくりの事業戦略

Q9 ◆ お客様づくりの基本とは

Q10 ◆ お客様の基盤を見直すには

Q11 ◆ リピーターを増やすには

Q12 ◆ ロイヤルカスタマーをつくるには

Q13 ◆ クレームへの対応は

Q14 ◆ ノンカスタマーをつかむには

Q9

お客様づくりの基本とは

■事業の目的は、お客様づくり／ドラッカーの言葉

事業の目的は、顧客創造である。

顧客創造（お客様づくり）の「顧客」の意味は、企業においては「お客さん」、病院であれば「患者さん」、学校であれば「生徒さん」などを指す言葉です。「創造」とは、「新しいものを生み出す」という意味です。ドラッカーは、顧客創造とは、**眠っていた需要を現実のものにすること**だと云っています。

例えば、米アップルの創業者であるスティーブ・ジョブズ（1955-2011年）は、病と闘いながらも、ｉｐｏｄ、ｉＰｈｏｎｅ、ｉＰａｄなどの革新的な製品を次々に世に出し、ＩＴの利用者と活用方法を拡大することで、お客様づくりを成功させせました。

■お客様づくりの4つの方法／事業戦略

お客様づくりを成功させるには、事業戦略が必要です。これは、**5つの重要な質問**に答えることで見えてきます。特に4つ目の問い**「私たちの成果は何か」「私たちは何を提供したら、お客様に喜ばれるのか」を考えるのです。**

ドラッカーは生涯を通じて、マネジメントの完成度を高めた人でしたが、『イノベーションと企業家精神』（1985年）の中で、事業戦略でおさえておくべきこととして、**お客様づくりの4つの方法を**挙げています。

1 効用による方法（利便性を提供する）
2 価格による方法（これで十分だという品質を低価格で販売する）
3 事情に合わせる方法（お客様の事情に合わせる）
4 価値による方法（こだわりの価値を提供する）

この中のどの方法をとるか、組み合わせて使うかを決めるのが事業戦略の基本です。

■［1］効用による方法／「これは利便だ、役に立つ製品・サービス」を提供

花王の「クイックルワイパー」は、主婦にとって身体的に辛い雑巾がけという家事を、手軽で身体に楽な作業に変えることで、お客様づくりを成功させました。

その経緯は1994年、汚れを吸着したり塵を集めたりする部分を、取り替えシート（消耗品）にして発売しました。さらに2009年、手持ち部分は、天井や壁の高い場所の掃除にも使えるように、長さを収縮調整できるロング持ち手を開発し発売しました。これまで手が届きにくかった場所も、手軽に安全に掃除ができる効用を提供したのです。

一方街中では、インターネットで予約しチケット売場や上映会場の入り口で並ばずに鑑賞できる映画館を選んで、余暇を過ごす熟年カップルを見かけます。このライフスタイルは、料金が同じであれば映画鑑賞の前後も含み利便性の高い方を選択します。

このようなお客様は、IT活用で遅れた映画館からは、離れて行かざるを得ません。

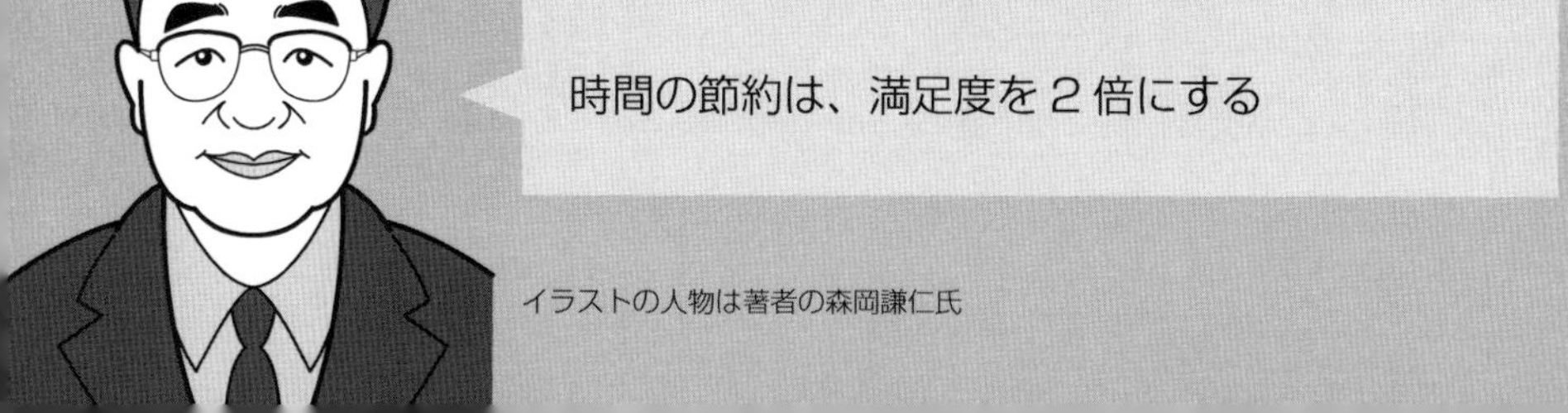

イラストの人物は著者の森岡謙仁氏

■［2］価格による方法／「これで充分だという品質を低価格」で提供する

ドラッカーは、替刃式の髭剃りの事例を挙げています。キング・キャンプ・ジレット（1855-1932年）は、男性が理容店で散髪する料金に疑問を持ち「髭をそるだけの価値には、顧客はいくら払うのか。」に着目したといいます。1900年頃に自ら創業した米ジレット社は、安価な使い捨て替刃式のカミソリを発売し、髭は剃れれば充分だというお客様の欲求を満たすことで、お客様をつくり新しい市場をつくったのです。

ホテル業界の傾向は、インターネット予約の場合、電話予約に比べて低料金です。リッツ・カールトン東京（港区・六本木ミッドタウン）でもオンライン限定プランは、割引料金で宿泊でき、滞在中の室内プール、ジャグジー、フィットネススタジオを無料で利用できます。また、夜遅くチェックインする場合に限り、空いた部屋を格安でネット予約ができるホテルまであるのです。宿泊を予約することだけを考えれば、手間もかからず低価格であるメリットは、お客様づくりに欠かせません。

■［3］事情に合わせる方法／「お客様の事情に合わせて」提供する

マネジメントの父と呼ばれたドラッカーが、マネジメントの父と呼んだのが、1940年代に収穫機を開発したサイラス・マコーミックです。この機械は鎌を使う手作業による収穫作業の生産性を改革し、米国の農業革命の原動力になったと云われています。

ドラッカーが彼に注目したのは、この収穫機の販売の仕方でした。当時の農民は、銀行から設備資金の融資を受けられない事情を抱え、収穫機を購入できませんでした。マコーミックは農民の事情に合わせて、3年の分割払いで販売したというのです。

医療や介護に関する分野においては、一人ひとりの事情に合わせてサービスを提供することは、組織の目的でもあります。やさしい手（本社東京都、訪問介護事業を営む）では、訪問介護で行ったサービス内容や利用者の健康状況のデータを蓄積し、医師、看護師、介護職員、事務員などで共有するITの仕組みを構築しています。利用者の体調や健康、料金支払いの現実まで考慮して、利用者の生活の質を高める経営をしています。

■［4］価値による方法／「こだわりの価値」を提供する

「吸塵力が落ちないただ一つの掃除機」としてブランド価値を確立した英ダイソン社の創業者は、「新製品を開発するときには、まず日本の利用者のことを考えている、というのは、日本の利用者が製品の品質について求める基準が高く、それを満たせば他の国でも通用するからだ」と云うのです。また、この掃除機のコア技術であるサイクロン技術の開発と製品化については、試作品が5000を超えたといいます。この商品は、他社の掃除機に比べてけっして安くはありません。

分野は違いますが、同じ高額商品の仏ブランドバッグの老舗、ルイ・ヴィトンのホームページ（以下、HP）を見てみましょう。1854年旅行鞄専門店を創業とした歴史と文化を訴求する芸術作品のようなHPであることに驚かされます。

この両社に共通しているHPの特徴は、商品を一品ずつ写真、図解、仕様などについて、自社の拘る文化、技術とともに詳細にわかりやすく説明しているところです。

ネットだけの限定的な“売り物”は顧客を引き付け、商品とブランド価値を高める

Q10

お客様の基盤を見直すには

閉店したチェーン店

駅前立地の絶好の場所に、マグロ丼の専門店チェーンのお店がありました。一回は利用したのですが、正直言って普通の旨さだったので、わざわざ行こうとは思いませんでした。ポイントカードなど販売促進のための活動をしている気配は店内を見ても見つかりません。そこは駅前立地のため多くの人が店の前を通ります。新規の顧客だけでもやって行けるのだろうと思っていました。半年くらい過ぎて、またその店の前を通りかかると、何人かの人が入っていました。

ところがその数ヵ月後、その店の前を通ると、閉店の知らせが店頭に貼ってあったのです。マグロ丼の味を補う顧客へのアプローチが足りなかったのではないかと思いました。

■お客様の基盤をチェックする／ドラッカーの言葉

お客様が事業の基盤であり、お客様が事業を存続させる。お客様が雇用を与える。

とドラッカーは云っています。

そこで次のように、**お客様づくりのステップに沿って分類してみましょう。**

- 潜在客（わが社の製品を知らない人、未来の顧客になり得る）
- 見込み客（わが社の製品に関心をもっている人、未来の顧客になり得る）
- 顧客（一度でもわが社の製品を購入したことのあるお客様）
- リピーター（繰り返しわが社の製品を購入したことのあるお客様）
- ロイヤルカスタマー（わが社の製品を最優先して購入するお客様）

これらのお客様の数とお買上金額とが、わが社に売上げをもたらします。

◇**顧客、リピーター、ロイヤルカスタマーの数を答えられますか？**

これらのお客様は現在のわが社の基盤です。知っておく必要があります。

お客様づくりのピラミッド

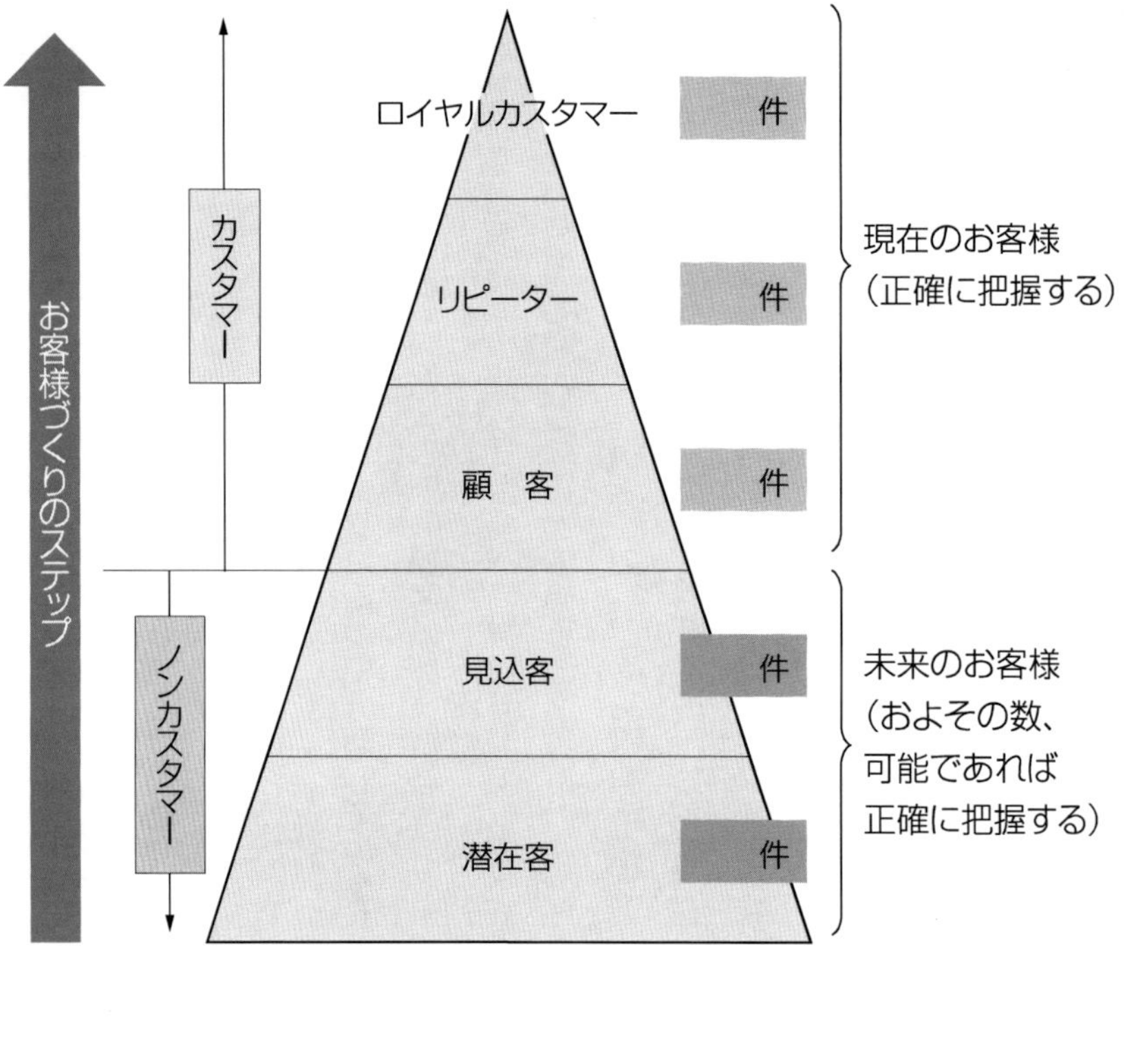

お客様の基盤をつくるには

お客様の基盤をつくるには、以下の取組みが必要です。

1 お客様の分類を明確にする。リピーターとロイヤルカスタマーの違いなど。
2 お客様の分類に応じて提供すべき情報や活動を決め、それぞれを誰がどのようにいつまでに行うかを明確にする。
3 各ステップにおいて取得した顧客情報の記録をとる。
4 各ステップにおいて行った顧客への活動の記録をとる。
5 これらの顧客対応（活動と情報の管理）の統括責任者を任命する。
6 統括責任者はこれらの仕組みを、組織的に責任を持って運営する。

会社の業績は、お客様の数と購入金額によって決まります。お客様の情報管理とステップに応じた的確な活動については、個人任せにして良いはずがありません。

お客様がいなければ事業は成り立たない訳ですから、事業が上手くいっているときでも、お客様づくりという原点に立ち返ることを忘れてはいけません。

お客様づくりの活動と情報（ある家電量販店の例）

ステップ	活　動	担当	入手する情報（誰から）	提供する情報（誰へ）
ロイヤルカスタマー	技術フォロー 特別優待割引	技術課 販売促進課	製品使用時間が多い顧客（カスタマセンタ） 製品購買額が多い顧客（営業企画）	技術フォロー報告（技術本部、他） 購買記録（営業企画、他）
リピーター	営業フォロー リピーター割引	営業部 販売促進課	地域別新規顧客リスト（営業企画） 月別新規顧客リスト（営業企画）	営業報告（営業本部、他） 業務報告（営業本部、他）
顧　客	満足度調査 営業活動	カスタマセンター 営業部	月別新規顧客リスト（営業本部） 見込み客リスト（マーケティング）	満足度調査結果（営業本部、他） 営業活動報告（営業本部、他）
見込客	アンケート 客イベント	販売促進課	イベント参加者リスト（営業企画） イベント参加予定者リスト（マーケティング）	アンケート結果（営業企画、他） イベント活動報告（マーケティング、他）
潜在客	アンケート 広告宣伝	マーケティング	地域別消費者情報（広告代理店） メディア別広告効果分析（広告代理店）	地域別アンケート結果（営業企画、他） 宣伝広告活動報告（営業企画、他）

※提供する情報については、情報共有されることを前提としている。

ＩＴを使えばこうなる

お客様の基盤を、ＩＴを使って行ったとしたらどうなるでしょうか。まず過去の購買履歴に応じた各種の優待情報を、お客様に直接メールで知らせることが出来ます。それも、営業時間に制約されず人手を介さずに、郵送代もかけないで出来るのです。

このことによる経営上の効果は絶大です。次に主なものをあげます。

1 優待情報によってリピート購入が増え、**売り上げが拡大する。**
2 ダイレクトメールや顧客管理の事務の人手が減り**業務の効率を上げる。**
3 売り上げ拡大と、業務の効率化による経費削減を合わせて**収益が上がる。**
4 営業担当の引き継ぎによる顧客情報の紛失がなくなる。
5 購買実績に応じた優待などが受けられるので、**お客様の満足度が上がる。**

もちろん、ＩＴやシステムが如何に素晴らしくても、接客態度や電話での応対が上手くなければ、お客様の基盤も良い結果を生むことにはなりません。

Q 11

リピーターを増やすには

■常にお客様の欲求を満たすことを考える／ドラッカーの言葉

「今日提供している財やサービスで十分に満たされていないお客様の欲求は何か」を問い、これに正しく応える能力を持つ企業が成長する。

私たちは、ドラッカーのこの言葉から、事業を営む心構えを見直すことができます。新規のお客様を獲得できたとしても、それで満足していてはいけないのです。事業の目的は、お客様づくりです。今、提供している製品やサービスだけでは、満たされていない欲求が必ずあるのです。それを探し、**お客様に製品やサービスを提案し提供し続ける企業が成長するのです。**繰り返し取引するお客様がいるからこそ、企業は存続できるのです。これはどんな事業も同じはずです。

■日本マクドナルドのリピーターを増殖するシステム

ファーストフードの代名詞と云われる企業は、ハンバーガーチェーン店を組織的に展開することからスタートした日本マクドナルドです。販売しているメニューの数もさることながら、お客様のリピート購入を誘う電子割引クーポンには学ぶべきものがあります。

携帯サイト会員のうち1000万人の購買履歴を分析して個人別の電子クーポンを配信しているのです。登録会員でなくても、インターネットから好きな商品の割引クーポンを携帯電話で簡単にダウンロード出来ます。店頭では、そのクーポンを見せれば、通常よりも安く購入できるのです。

こうなると店頭メニューの額面金額で利用するのを、躊躇する人も出てきます。電子割引クーポンの効用を実感するからです。店頭で他人がその携帯クーポンを利用している姿を見ると、「今度は利用しよう」「また利用しよう」というお客様がどんどん増えていくのです。このようにして、一度、同店を利用したお客様は、**リピーターを増殖するシステムの虜になってしまう**のです。

■とても人手では無理／ＩＴを使えばこうなる

リピーターを増殖するシステムが、お客様づくりに貢献し続けるためには、顧客と購買実績のデータを管理し、分析するシステムが裏方で働いていることが不可欠です。これらのデータは時系列でも蓄積されるため膨大なことからビッグデータと呼ばれます。人手でできる作業ではありませんが、ドラッカーが云うように**仕事は測定し評価しなければいけません。**

そこでＩＴを使えば、次のような情報を継続的に得ることが可能になるのです。

1 お買い上げ回数――顧客別のお買上げ回数。
2 お買い上げ金額――顧客別の累計お買上げ額。
3 最新購買日――最近（最終）のお買い上げ日時、お買上げの頻度。
4 割引クーポン利用率――優待や割引クーポンを利用した顧客割合。
5 単品別購買額分析――単品別の購買額の推移、割引クーポンによる購買額。
6 店舗別購買分析――店舗別の購買額の推移、割引クーポンによる購買額。
7 顧客維持率――継続している顧客数、割合、推移。

購入回数や金額などに基づいてお客様に販促活動を行うことを取引実績優待制度*と言います。

これに似たシステムには、航空会社のマイレージサービスがあります。

＊　**取引実績優待制度**
顧客の購買履歴（累計額、頻度、回数など）によって、顧客の特性に合わせた特典を提供することで、顧客の囲い込みを行なう販売促進活動のこと。

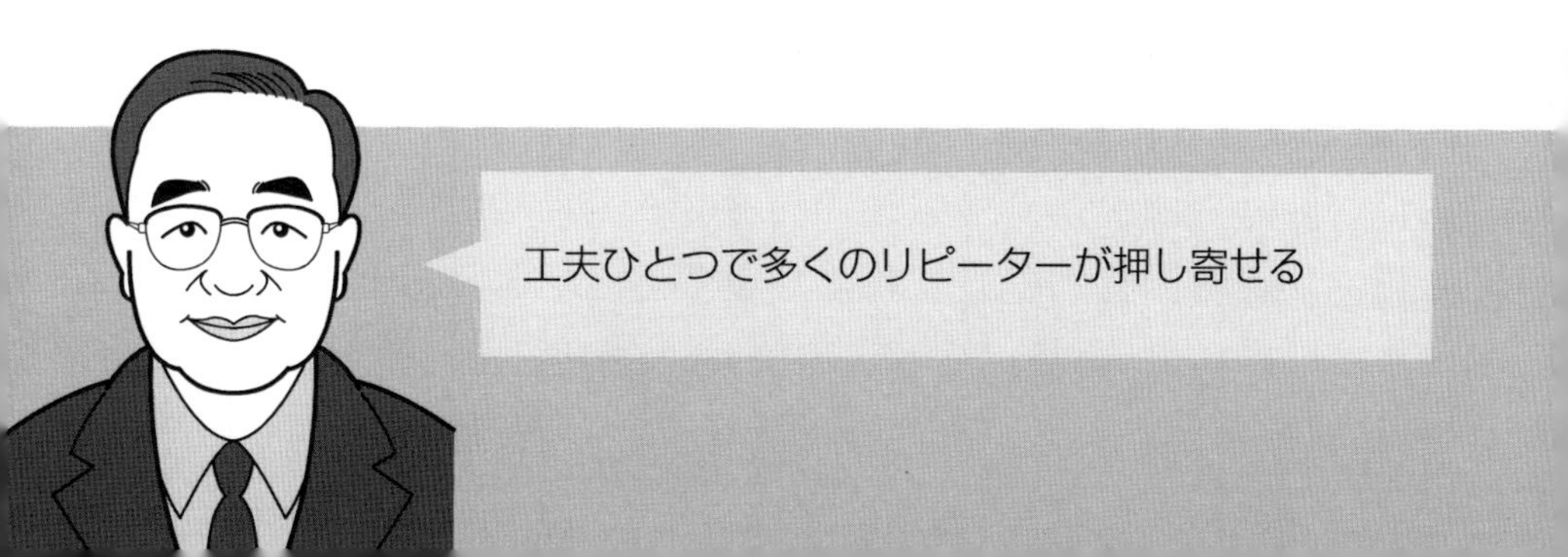
工夫ひとつで多くのリピーターが押し寄せる

Q12 ロイヤルカスタマーをつくるには

■彼ら顧客のすべてを満足させよ／ドラッカーの言葉

ほとんどの事業には二種類以上の顧客がいる。顧客によって事業のとらえ方、価値観や期待も違う。……彼ら顧客のすべてを満足させなければならない。

「二種類以上の顧客」とは何でしょうか。「顧客」とは、購買の意思決定を行う人です。メーカーであれば、わが社の製品やサービスを利用する人や法人、それから流通チャネルにいる卸売りや小売りを営む得意先です。確かに二種類以上のお客様が存在しています。しかも、それぞれのお客様が持っている、私たちの会社や組織はじめ製品やサービスに対する価値観や期待は、それぞれ異なります。お客様の基盤を築くためには、それぞれの求める価値や期待を明確にすることから始める必要があります。

■売上げノルマを無くして伸びた会社がある

二種類以上いるお客様の価値観と期待を書いてみると、「誰も売り込まれることを期待していない」ことに気付くはずです。**これはマーケティングの第一歩です。**

ハーレーダビッドソン・ジャパン（以下、HDJ社）は、縮小傾向にある国内オートバイ市場にあって、24年間連続して成長した実績を持っています。売り上げノルマを廃止して、販売店に対する経営コンサルティングや人材育成、共同イベントの実施、見込み客の発掘など、**営業活動の有効性を評価する基準に変えた**のです。

■お客様づくりのトータルシステムとIT活用

ハーレーダビッドソン・ジャパンは、お客様づくりのシステムを教えてくれます。

HDJ社には、販売店とユーザーの満足度を上げるように、**体系化されたお客様づくりの業務システムとそれを支えるITを構築している**とのことです。

例えば、既存のお客様を維持するためには、以下の取組みが効果的です。

1 顧客情報の更新の徹底——名前、連絡先、肩書きなどは随時更新する。
2 **営業社員は、IT入力を極力しない。業務部門がこれを行う。**
3 取引実績優待制度を構築する。
4 イベント参加者へのアンケートにより見込み客、既存顧客の声を収集する。
5 ユーザー会を組織する。HDJ社にはHOCがあり活発な活動を行っている。
6 営業社員による販売店の経営コンサルティング活動を評価する。
7 販売店の技術者や販売員の人材教育に力を入れる。
8 月刊誌を発行し、見込み客開拓から顧客ロイヤルティの向上を行っている。
9 お客様の発掘から維持、口コミを誘う活動までを独自に体系化した。

優れたIT活用の背景には、地道な業務改革があることを忘れてはいけません。

会員制度の限界

お客様に会員登録してもらい、ポイントカードを発行して優待サービスを提供するなど、会員制

お客様が求める価値と期待

誰も売り込まれること
を期待していない！

	お客様の種類	求める価値と期待
得意先	代理店 二次店	魅力あるリベート、新製品開発
	ディスカウンター 量販店	協賛イベント、低仕入れコスト
販売店	小売りチェーン	販売促進支援策
ユーザー	個人ユーザー 法人ユーザー	製品品質・手に入れ安さ 製品品質・まとめ買いのメリット

※ある消費財メーカーのお客様と求められている価値

度を持っている企業は数多くあります。小売業では、お決まりのように行われています。これは、お客様を囲い込むためだと云われています。

ところが、会員制度特典であるポイント割引を廃止したり、割引率を縮小する小売大手が現れたりしているのです。利益を押し上げる、ポイント割引しないでも売上げには大きな影響が無い、などの理由によるものだというのです。

お客様への割引優待だけを強調しても、ロイヤルカスタマーを育てる環境づくりには、必ずしも貢献しないということがわかってきたといえるでしょう。

ロイヤルカスタマーを育成するには、**仕組みをつくっていくという組織的でしかも総合的なお客様への働きかけが必要である**と言えるのではないでしょうか。

■交流サイト（SNS）を活用したお客様づくり

交流サイト（SNS）上にオンラインショップを設ける会社や組織が増加しています。ローソンや東急ハンズなどの流通大手もその一例です。

この効果の主なものは以下の通りです。

1 カスタマーの声やニーズを収集できる。
2 口コミや人間関係による販売促進（ソーシャルコマース）を期待できる。
3 商品やサービスに対する満足度や評価を収集できる。
4 販売促進に貢献している優良顧客を識別できる。
5 商品やサービスごとに口コミによってどのように売れたかを分析できる。
6 結果的にリピーターやロイヤルカスタマーを育成できる。

来店したお客様の声と情報以外の情報の入手には、従来、相応のお金がかかりました。それがインターネットを活用することで、極めて安価に入手できるようになったのです。これはドラッカーが云ったIT革命の一つと云えるでしょう。

ロイヤルカスタマーが育つ環境づくり

それでは、ロイヤルカスタマーが育つ業務の仕組みづくりについて、手順と人とITの側面から整理しておきましょう。

（1）手順の面

①お客様と求める価値、提供すべきものや情報を明文化する。

②潜在客、見込み客からロイヤルカスタマーまでの活動と役割分担を決める。

（2）人の面

①お客様のステージ毎に必要な知識と活動を各担当者に教育する。

②各担当者の活動結果のお客様満足度を測定し、それをもとに教育する。

（3）ＩＴの面

①お客様のデータベースを作り、定期的にデータを更新する。

②会社のＨＰやインターネットを使って、お客様への情報発信と受信および、その記録が出来るＩＴを構築する。

これらを実行することが、お客様づくりという業務の仕組みを築いていくのです。

サンプル

あの手この手で顧客の気持ちを引き付けよう

Q13

クレームへの対応は

■医療施設で進むクレーム対応

クレームの中には、暴言や暴力を伴う場合もあります。特に医療や介護の現場では、スタッフと利用者が対面する仕事が多いため、ハードクレーム（激しい苦情）が発生した場合、利用者やスタッフとその組織への影響は小さくありません。

そこである病院では、クレームの予防に積極的に取組んでいるといいます。毎月、クレームの日を設けて、クレームの原因分析と対応策を検討し、その結果をマニュアルに書いて朝礼などで徹底し、定期的にスタッフの教育を行っているのです。

またプライバシーに考慮してクレーム接遇の専用室を設けたり、ナースステーションに防犯カメラを設置したりする場合もあります。クレームの予防と再発防止を目的に、**ＩＴを活用してクレーム情報を、施設のスタッフで共有する**例も増えています。

■クレームの原因はシステムの不備から／ドラッカーの言葉

口論は、組織構造が現実と合わないことのサインである（『非営利組織の経営』）。

クレームが発生するのは、お客様に提供した製品やサービスなどが、お客様の期待を満たせなかった場合です。これには、知識不足、不適切な手順、担当者の不慣れ、やる気の低下、情報伝達の不備など、担当者任せにしている場合に発生しがちです。

クレーム対策には、経営陣が先頭に立ち職場リーダーや担当者も一緒になって、業務の仕組みを改善する組織的な取組みが不可欠なのです。

■ブライアン看護師の原則／ドラッカーの言葉

「それは患者さんにとって一番良いことでしょうか」を、常に考えるスタッフがいる病棟の患者は回復が早かった（『経営者の条件』）。

これは、ドラッカーが書いている病院の院長がブライアンという古参看護師から学んだことです。自分の病棟で何か新しいことが決まりそうになると、「それは患者さんにとって一番良いことでしょうか」と必ず聞くので、**「目的に対して最高の貢献をしているか」**と他のスタッフも自分の行動を考える習慣がついたというのです。

いずれの組織でも、この「ブライアン看護師の原則」は、通じるものだと思います。

■クレームもIT活用によって事業になる

パソコンを購入しても故障してしまった、使い方が分からないなどは、デジタル家電と呼ばれる製品に関するクレームと呼べるものです。

PCデポコーポレーション（横浜市）は、首都圏を中心に約70店舗、1400人以上の従業員をもつデジタル機器専門店です。「メーカーに関係なく対応し、軽微な不具合であれば当日の修理・処置も可能」であるのが同社の強みです。これは**ある店舗の質問に対して、全国から解決策がすぐに寄せられるというIT活用があるから**です。粗利益に占めるこのようなサービスの売り上げが、物販を逆転し50％を超えたのです。

入院
コスト
治療

内部の論理より顧客の都合を最優先しよう

Q14 ノンカスタマーをつかむには

■ノンカスタマーの情報が必要である／ドラッカーの言葉

もっとも重要な情報は、顧客ではなく非顧客（ノンカスタマー）に関するものである。変化が起こるのはノンカスタマーのグループである。

ドラッカーは、１９９０年代のアメリカのデパートの不振についてこう分析しています。

かつては小売業の28％のシェアを占めていたデパートは、自らの顧客のことについて良く知っていた。その後も自分達の顧客ばかり見ていたので、外部の変化（消費者の変化、若い世代のデパート離れなど）に関心も持たず、気づかなかったと。

およそ10年遅れて日本でも同じことが起こりました。ある百貨店は、すでに様変わりし、現在では有名ブランドが軒を連ねるテナントモールを思わせるほどです。

既存のお客様だけでは将来がない

市場におけるわが社のシェア（占有率）を見れば、ノンカスタマーが圧倒的に多いことに気づくはずです。お客様の基盤があればこそ、事業が成り立っています。

解りきったことですが、お客様は変化します。やがては、お客様との経済的な関係を保てなくなる場面が来ることも想定すべきです。新規のお客様へ結びつく、見込み客を生み出す潜在的な市場について、関心をもち、その人の価値観、考え方、ライフスタイルについて理解をする必要があります。

インターネットを過大評価しない

また、インターネットを使って自社のＨＰに登録してもらい、同様の会員割引優待を行う企業も多くあります。これらは、カード形式の物理的な会員証から、ネットやデジタルに変わっただけで、その本質は、「囲い込み」です。リピーターやロイヤルカスタマーづくりには貢献しても、ノンカスタマーを理解するには充分ではありません。

ノンカスタマーの獲得にＩＴを使う

米国化粧品大手ブランド「クリニーク」（エスティ・ローダー）は、ニューヨークの高級百貨店の化粧品売場で、タブレットを使ったお肌の診断システムを、自由に来店客に使ってもらう試みを始めた。チャート式の質問に答えると18万通りもある商品の組み合わせから最適な「お薦め商品群」を表示する。時間がないときは自分宛にメールを送り後で、オンライン販売で購入することもできるというのです（日経ＭＪ、2012・1・11）。別の店舗では壁一面をお試しコーナーにするなど、ノンスタマーとの接点を増やすとともに、情報収集に対してチャレンジしています。

何が外部で起こっているかを理解するために、その情報リテラシーを使わなければならない（『ネクストソサエティ』）。

ドラッカーの云う情報リテラシーとはＩＴを使うだけではありません。**ノンカスタマーの情報を収集するという意志をも表します。自ら外に出てノンカスタマーと出会う機会を探すことも大切です。**

商品－市場のマトリクス

新市場の創造は事業ドメインの見直し（顧客－製品）から進め、ノンカスタマーを明確にするところからはじめる。

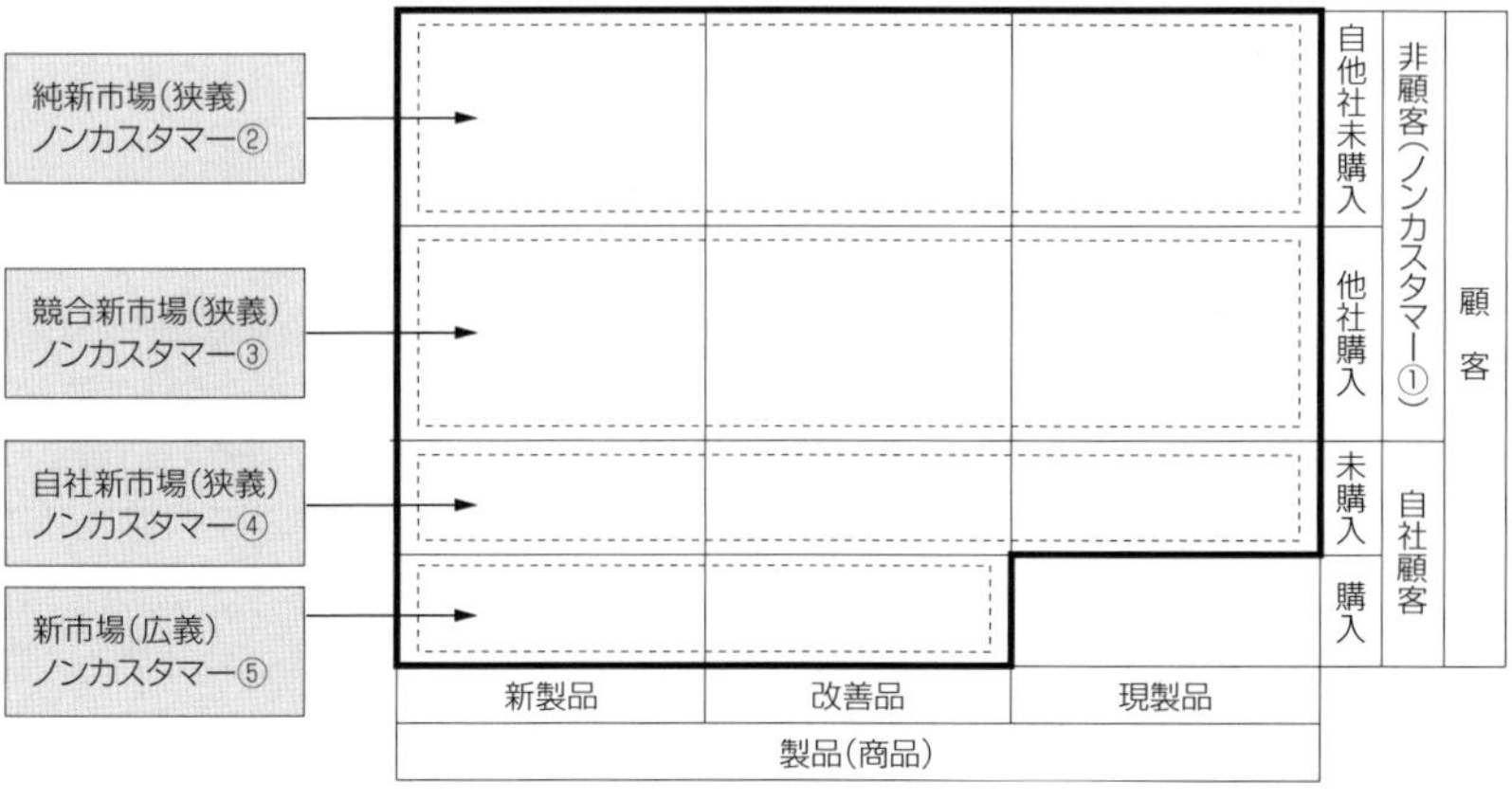

KEY WORD

●ビッグデータ

一般にデジカメ用のメモリー容量は、多くて10ギガ程度です。ビッグデータは、その10000倍の数百テラ以上の膨大なデータの集まりを指します。例えば、10年間の顧客購買履歴の明細、100年分の世界の気象情報、1000年分の地質変動データなど。経済予測、気象予測、街全体のエネルギー効率や交通渋滞の解消など多方面での活用が期待されます。高速サーバ（ネットワークの中核コンピュータ）を多数連携させる技術も開発されています。

● CRM（カスタマー・リレーションシップ・マネジメント）

お客様との良好な関係を築き維持する活動のことを指します。お客様が最初に取引をしてから、リピーター、ロイヤルカスタマーとなっていただくというお客様づくりのためには、お客様それぞれの状況に合わせた的確な働きかけを行なう必要があります。お客様情報、購買履歴情報、営業やマーケティング情報などの総合的な分析、DMやメール配信などの働きかけをするIT活用が不可欠です。Customer Relationship Managementの略。

● SNS（ソーシャル・ネットワーキング・サービス）

登録した参加者同士の情報交換によって生まれるインターネット上の仲間づくりの機能をサービスすること。日本では、mixi（ミクシィ）、Yahoo（ヤフー）が有名だが、世界最大の会員数を持つFacebook（フェイスブック）やTwitter（ツイッター）など特定のサービスを提供するSNS（ソーシャル・ネットワーク・サービス）も、ユーザー数が増加しています。会社もSNSにホームページを開設して、営業やマーケティングに活用し始めています。Social Networking Serviceの略。

●ソーシャルコマース

SNSやブログなどのソーシャルメディアとeコマース（電子商取引）とを連動させて商品販売につなげる営業やマーケティング手法のこと。会社がSNSにホームページを開設して、参加者同士の情報交換を誘発し、口コミによって新たなお客様を獲得できたり、新商品開発に必要なアイデアや商品ニーズを収集したり、試作品の反応を調べることもできたりするなどのメリットがあります。

[第Ⅱ章]

マーケティング

Q15 ◆ 倒産した技術者集団

Q16 ◆ 売れる商品をつくるには

Q17 ◆ 自ら売れる仕組みづくりとは

Q18 ◆ 事業を伸ばす情報とは

Q19 ◆ POS 情報を活用するには

Q20 ◆ お客様満足はマーケティングの仕事？

Q21 ◆ マーケティングの目標と成果は

Q 15

倒産した技術者集団

■本田宗一郎も絶賛した製品を開発した企業が潰れた

１９８６年に開発したジャンボジェット機の機体洗浄機は、故・本田宗一郎（ホンダ創業者）も賞賛した。その後、１９９５年の阪神大震災直後の一週間で１３０万本売れたのが、天井と家具の間に入れる「つっかい棒」として使う商品でした。この商品、それまでは年間12万本程度売れていたのですが、この機械メーカーの技術重視の社長は、震災特需を見込み一気に見込み生産を増大したのです。

皮肉なことに地震対策ブームが終わると、大量の在庫を抱えてしまいます。機体洗浄機も機能性は高かったのですが、価格面など市場の支持が得られず数台の販売に留まります。見込み生産と研究開発投資の借入返済などで資金繰りが悪化し、１９９７年、創業40年を超えられずに倒産してしまうのです（『倒産の研究』日経ベンチャー編集部、日経ＢＰ社　筆者が社名などを外して一部引用）。

■マーケティングとイノベーションによるお客様づくり／ドラッカーの言葉

事業活動とは、マーケティングとイノベーションによるお客様作りである。

どんな組織でも、商品やサービスに対価を払って利用してくれるお客様がいなければ、会社も病院も学校も成り立ちません。技術重視のイノベーションだけでは、お客様づくりができないことをドラッカーは云っているのです。

マーケティングには、マネジメントを外の世界に目を向けさせる働きがあると同時に、事業を継続させる（企業家的な）３つの活動に関心を持たせる力があります。

1 今日の事業を効果的に行う。
2 潜在的な機会を見つける。
3 明日のために新しい事業をつくる。

■ITによるCS調査で、今日の事業を効果的に行う

今行っている仕事が、お客様づくりに対して有効であるかどうかを、どのようにして測定したら良いでしょうか。ようやく日本でも、ミステリーカスタマー*（覆面顧客）による調査は、顧客満足度（CS）を測定する方法として定着してきた感があります。

主に店舗を持つ事業を営む、飲食店、小売店、理美容院、銀行、クリーニング店などで徐々に活用が広がっています。現実のお客様に対して自社の満足度を直接聞きづらい、お客様も答えづらいという課題もあることから、第三者にお客様の視点で満足度を測るサービスが支持されるのは、ある意味当然だとも言えます。

この覆面調査にITを使って活用している企業の一つに、長野県に本社を置く八十二銀行があります。これまでやっていた顧客満足度調査がマンネリ化したこともあって、外部委託しました。**報告されるCS情報をもとに、日常業務や従業員教育の内容を改善し、定期的にこのようなCS調査を行っている**といいます。

＊ ミステリーカスタマー
依頼元（会社や組織）の提供する製品やサービスを、接客から購入、利用の過程について、一般の顧客の振りをして調査を行なう調査員のこと。これを行なう専門会社がある。

顧客の生の声を知り、改善のヒントを探ろう。

■ITを使えば、ノンカスタマーの情報から潜在的な機会を見つけることができる

ドラッカーは、**ノンカスタマー（まだ、お客様で無い個人や法人）に注目するべきだと言います。**明日の新しいお客様を獲得するためには、見込み客やその前提となる潜在顧客への働きかけが不可欠です。現在、売れている商品やサービスの収益性を改善するためのニーズ（要求や必要性）を知ることも大切です。

会社や組織がノンカスタマーを理解するには、例えば、コールセンター（電話窓口などの顧客対応部門）に入る電話があります。商品のクレームは、お客様からのお叱りと同時に、製品改善や新商品のニーズを教えてくれます。商品の問い合わせは、多くは見込み客からのものです。得られた情報はITを使って研究開発部門、営業部門など全社で共有すれば、活用範囲は広がるのです。

ノンカスタマーの情報は、SNS以外に簡単な方法で探すことができます。インターネットで「○○　嫌い　買わない」と入力すると、検索結果から○○を好まず、買わない人、ノンカスタマーのブログに行き着きます。その数も少なくありません。

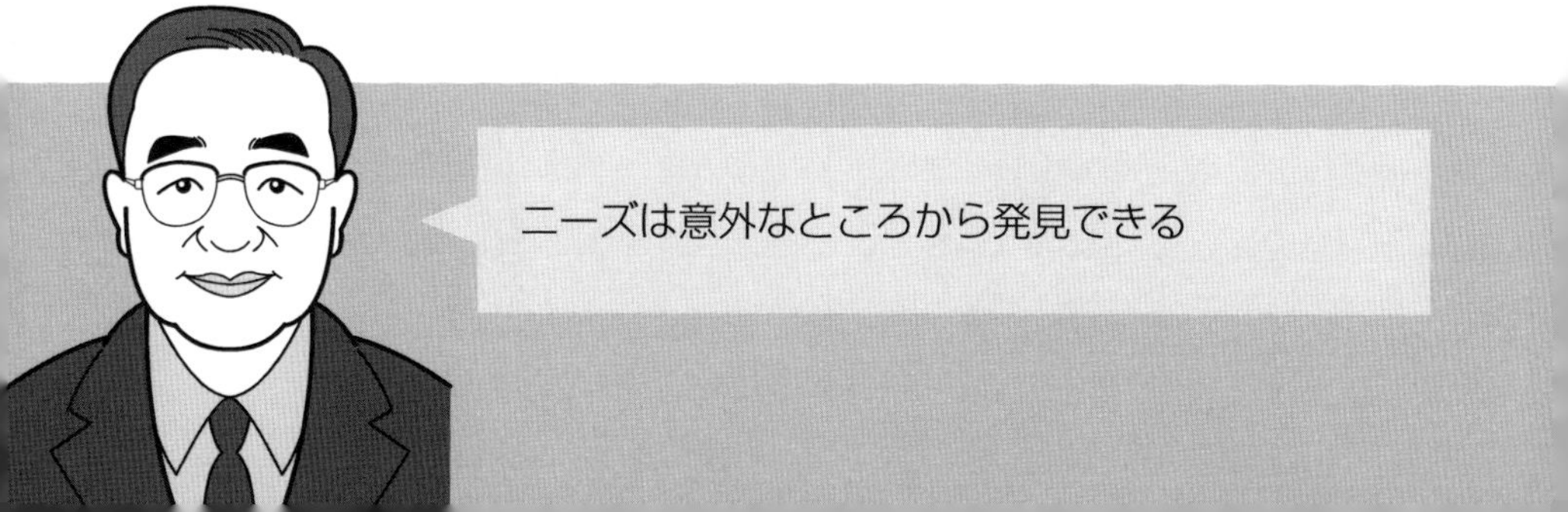
ニーズは意外なところから発見できる

■ＩＴを使えば、もっと、明日のために新しい事業をつくることができる

ドラッカーが云うように事業を継続するには、企業家的な精神、つまりマーケティングによって、顧客とノンカスタマーから新たな事業の機会をつかみ、新しくかつ市場に適した製品やサービスを開発するというイノベーションにつなげることが大切です。倒産した技術重視の機械メーカーにはこの点が欠けていたのだと思われます。

ＩＴを使えば、マーケティングとイノベーションの連携力を高めるのに役立ちます。

その横綱が花王のＶＯＣ（ボイス・オブ・カスタマー）というシステムでしょう。

１９５４年に消費者相談業務を開始し、１９８７年には顧客対応支援システムを導入しました。お客様に対応したその日の状況や、早くからお客様の生の声を蓄積し共有することによって、商品改善や新商品開発に活用しています。ＩＴだけでなく顧客との対応業務も継続的に改善しています。ヒット商品の多くは、このようなＩＴ活用に加えて、生活者コミュニケーションセンターという専門部署が、お客様対応部門と研究開発部門の連携強化に貢献しているということです。

生産地を
詳しく
環境に
やさしい
低価格
苦情処理

苦情こそ真剣な声、解決からヒットが生まれる。

Q16 売れる商品をつくるには

売れる商品づくりに顧客の声は要らない

アップルがお客様づくりに成功したことは誰でも知っています。例えばiPhoneやiPadは市場調査や顧客の声を聞いて開発したのではなく、創業者ジョブズ氏が作りたいものを作ったから、大ヒットしたと説明されることがあります。

確かにヒット商品を世に出した成功者の意見の中には、「顧客は気まぐれ。顧客の言い分を聞いてつくったからと言って、売れるとは限らない。」というのがあります。

最初にお客様から始める／ドラッカーの言葉

真のマーケティングは、お客様から始める。

ドラッカーは、シアーズ*が顧客の人口構造、顧客の現実やニーズおよび価値観からマーケティングを始めたことを例に挙げて、このように云っているのです。

市場での失敗もお客様の声

実は、アップル社の創業者ジョブズ氏も顧客から学んで、iPhoneやiPadを生み出したのです。1980年代の後半にネクストという最先端パソコンを開発しましたが、成功したとは言えませんでした。彼は、**市場での失敗という顧客の声を聞くことでマーケティングを行い、その後のヒット商品を開発するに至った**のです。

ITを使えばお客様と一緒にマーケティングできる

お客様の声に耳を傾け商品開発や販売促進にITを使って成功しているのがファミリーマートです。**SNSと商品提案サイトを使ってお客様の声を集め、それを参考に試作品を開発し、お客様の人気投票で商品化を判断している**といいます。コンビニエンスストア業界のおにぎり競争を勝ち抜

＊ シアーズ
19世紀後半に創業した日用品、衣料、電化製品などを扱う百貨店・小売チェーンを展開する米小売大手。

くには、お客様と一緒になって商品を開発するプロセスが欠かせないのでしょう。

■お客様の現実を理解する

ドラッカーは、『創造する経営者』（1964年）の中で、お客様の現実を挙げています。

1 顧客とは、購入を決定する者であり、二人以上いる。
2 顧客と市場を知っているのは顧客本人であり、顧客は満足を買っている。
3 顧客は、自らの基準で品質を判断し、自らの理屈で購入する。
4 自社の競合相手は、同業ではなく他産業の製品やサービスである。
5 顧客は、より良い商品があればそれを買う、企業にも固執しない。
6 素材や用途産業では顧客ではなく市場や用途からスタートする。

「誰が、どこで、何のために」買うのか？などの質問を通じてお客様の声を聞き、もっとお客様を理解することが大切です。売れる商品作りのためには、お客様の声を聞くマーケティングが不可欠です。ＩＴを使えば効率よくできるのです。

お客様を理解するための質問

※以下の質問の答えを得ることでより良くお客様を理解できる。

- □ 誰が、購入しているか
- □ どこで、購入しているか
- □ 何のために、購入しているか
- □ いつ、購入しているか
- □ 誰と、相談して購入しているか
- □ 何を価値としているか
  （商品を買うことによって、生活や仕事で役に立っていること）
- □ その価値は、顧客にとってどの程度大事か
  （他に無い、他にもある、あれば買う程度）
- □ 商品のメリットがある家族構成は
- □ 商品のメリットがある職場や仕事は
- □ 同じ値段で他に買うものは
- □ 同じような商品で購入している他社の商品は
- □ どういうとき、商品が必要でないか
- □ 競争相手はどこか

（『創造する経営者』より）

Q 17

自ら売れる仕組みづくりとは

■製品とサービスを自ら売れるようにする／ドラッカーの言葉

マーケティングの狙いは、お客様を理解し、お客様に製品とサービスを合わせ何もせずに売れるようにすること（『マネジメント』）

何らかの販売行為は残るもののあくまで理想は、販売（売り込み）活動を不要にすることだというのです。同様に、マーケティングの大家といわれるフィリップ・コトラー*も、**マーケティングの目的は販売を不要にすることである**という一致した考え方を持っています。

■何もせずに売れる事業になっているか

ドラッカーは『創造する経営者』で「事業」とは市場で知識という資源を経済的な価値に変える

活動であることを言っています。

ここで、**会社にとって重要な知識という資源は、購買、販売、サービス、技術、特にマネジメントに関する知識やノウハウ、訓練された人材であり、もう一つは、資金だ**と云うのです。マジックにもタネがあるように、何もせずに売れるようにするためには仕掛けが必要となります。知識（と云う見えないもの）と人材を活用する仕組み、**プロセス（仕事の手順など）が必要であることをドラッカーは強調しています。**

■アフターサービスでITを使う

建設機械が作業中に停止すれば大事故につながるばかりか、建設コストの増加に直結します。これらを未然に防ぐためには、建設機械の所有者や施工会社が機械の安定稼動に責任を持つ必要があります。これを支援するためにITを使っているのがコマツ（建設機械メーカーでは世界第二位）です。世界70ヶ国、24万台（2011年9月現在）の建設機械に、GPS機能付きの機械稼動管理

＊　コトラー
米国の経営学者でマーケティングの世界的権威といわれている。ドラッカーの著書『非営利組織の経営』（1990年）には、ドラッカーとの対話が掲載されており「マーケティングとは販売を不要にすること」で一致している。

システムを導入しています。このシステムによって、車両の位置や稼動状態が世界のどこに機械があっても解るのです。このような情報から、代理店のサービスマンが訪問して、部品の交換時期や機械の入れ替えや増強の提案、技術相談などをタイミング良く行うことができます。建設機械の安定稼動や事故予防に貢献しています。

このメーカーにとってみれば、このようなアフターサービスは、お客様づくりにつながるだけでなく、結果的に売上げ増につながっているのです。

それだけではありません。販売した機械の日々の稼働情報とサービスマンがもたらす情報によって、今後必要となる機械本体と関連部品の需要予測の精度を上げます。

さらにこれらの情報は、生産計画や部品調達計画の作成、代理店で機械の修理を担当する技術者の人材配置や人材育成計画の作成、無駄のない部品管理施設の確保などに、活用されています。

これら全体で「何もせずに売れる仕組み」を作り上げているのです。

このように同業の中でも高いコマツの収益性の確保に、ＩＴが貢献しているのです。

普段のアフターサービスが次の販売へのバトンとなる。

Q 18

事業を伸ばす情報とは

■富の創造によって企業は収入を得る／ドラッカーの言葉

企業は富の創造によって収入を得る。コストからではない（『明日を支配するもの』）。

会社が利益を出すのは、コストを削減することによって得られると思いがちですが、ドラッカーの見方は違います。事業の目的は、お客様づくりです。昔の近江商人の「売り手良し、買い手良し、世間良し」の発想で、**関係者が共に豊かになる富を創造することによって会社は収益を上げるのだ**というのです。これは、医療や介護、学校を営む事業者も同じです。企業年金が投資顧問会社の不正によって、その相当額を消失させた事業のあり方とは、まったく相容れません。意識転換が必要な時代です。

■今日の事業を効果的に行うための情報

ドラッカーは、今日の事業を効果的に行うための情報として以下をあげています。

1 基礎情報：会社の定期健康診断情報とも言うべきもの、ディーラー在庫と新車販売台数の比率、売掛金と売上高の比率など。
2 生産性情報：資金コスト（支払利息など）ＥＶＡ＊（経済的付加価値）、生産要素（製造、資材、原材料料、人件費など）のコストなど。
3 強み情報：市場の支持を得た品質、商品開発力などの測定指標のこと。
4 投資対効果：収益率、回収期間、キャッシュフロー、現在価値、予定を下回った投資と超えた投資など。
5 人材情報：人材配置、期待通りの結果、期待を下回った結果など。

このような富を生み出す情報は、会計データだけではなく、製品開発情報、投資情報、人事評価などのデータを必要としますが、ＩＴによって得ることができます。

＊ ＥＶＡ
企業経営の収益性指標であり経済的付加価値と呼ばれる。事業収益から投下資本コストを差引いた利益で表す。Economic value addedの略。

明日の事業をつくる外部情報／ドラッカーの言葉

戦略のためには、外部環境についての組織的な情報が必要である……。なぜなら、成果は外部にあるからである（『明日を支配するもの』）。

ＳＮＳ（交流サイト）を使う企業や組織が増えていますが、競合相手も同じことをしています。**現実とネット上で接する同じお客様は、あくまで顧客なのです。**

ドラッカーは、『明日を支配するもの』の中で、事業機会の発見、明日の事業づくりに必要な外部情報として以下を挙げています。

①市場、②顧客、③非顧客（ノンカスタマー）、④産業内外の技術、⑤競争相手の情報、⑥国際的な経済および金融市場、⑦グローバル経済。

これらの情報は、産業・市場調査機関から業種別にデジタルデータで相当のものを入手することが可能です。またインターネットでも情報源を探すことも可能です。これらの情報と自社の財務や営業情報とを、ＩＴを使って組み合わせることも可能です。

事業を伸ばす情報体系

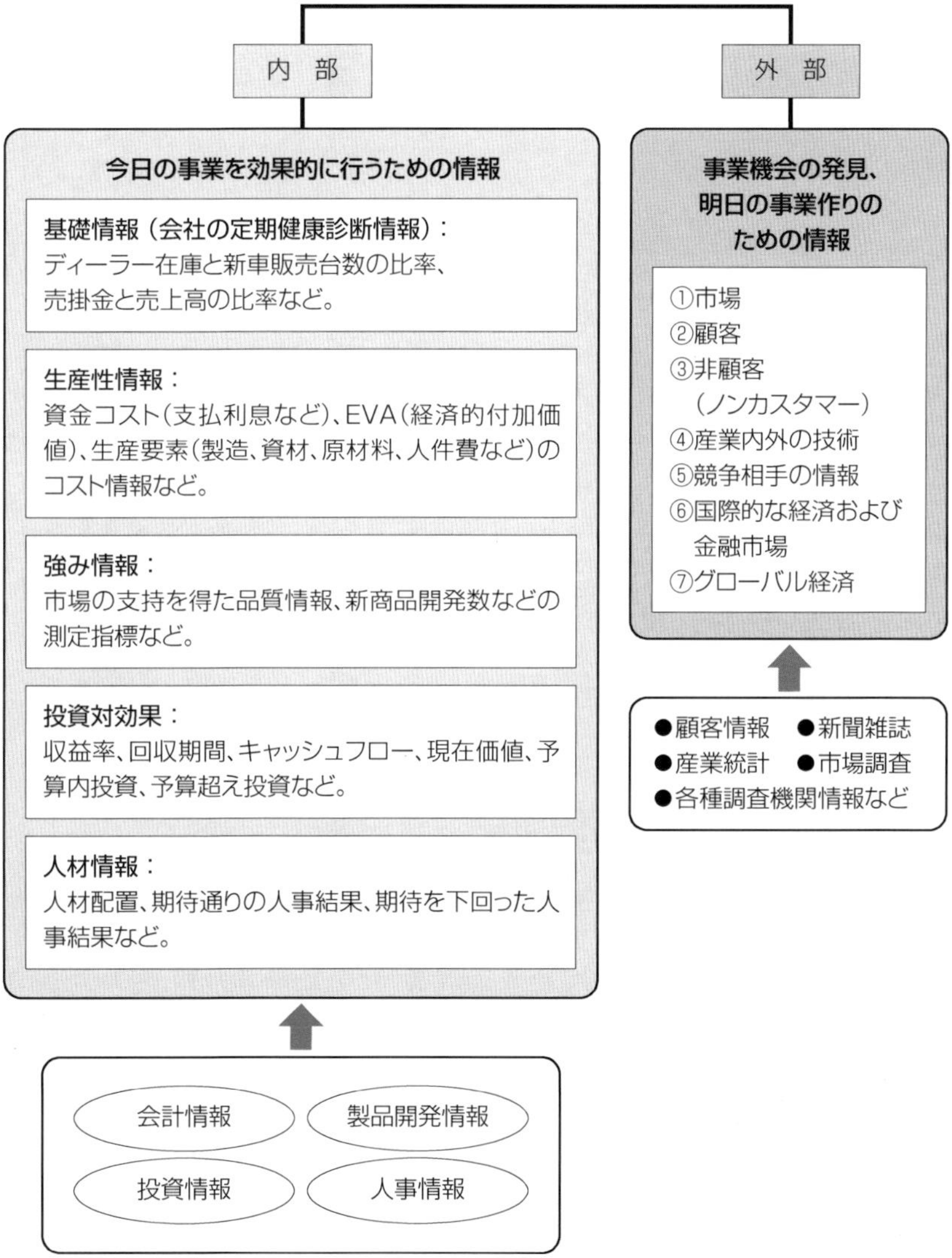
内 部
外 部
今日の事業を効果的に行うための情報
基礎情報（会社の定期健康診断情報）：
ディーラー在庫と新車販売台数の比率、
売掛金と売上高の比率など。
生産性情報：
資金コスト（支払利息など）、EVA（経済的付加価値）、生産要素（製造、資材、原材料、人件費など）のコスト情報など。
強み情報：
市場の支持を得た品質情報、新商品開発数などの測定指標など。
投資対効果：
収益率、回収期間、キャッシュフロー、現在価値、予算内投資、予算超え投資など。
人材情報：
人材配置、期待通りの人事結果、期待を下回った人事結果など。
会計情報
製品開発情報
投資情報
人事情報
事業機会の発見、明日の事業作りのための情報
①市場
②顧客
③非顧客（ノンカスタマー）
④産業内外の技術
⑤競争相手の情報
⑥国際的な経済および金融市場
⑦グローバル経済
●顧客情報 ●新聞雑誌
●産業統計 ●市場調査
●各種調査機関情報など

（注）『明日を支配するもの』を参考に著者が作成

Q19 POS情報を活用するには

■IT投資の成果はコミュニケーション能力で決まる／ドラッカーの言葉

情報処理の有効性は、ますます私達のコミュニケーション能力にかかっている（『マネジメント』）。

販売時点のデータ収集は、お客様と事業との接点の中で、最も重要なものと云っても良いでしょう。お客様と商品、売上と在庫、場所と時間、天候のデータまでもが、同時に入手できるのです。

例えば、「日経POS情報サービス」によると、チルドプリンの部（2012年1月）では、第1位が森永乳業の「森永の焼プリン140g」（シェア8・5%）、第二位と三位は、グリコ乳業の「プッチンプリン75g×3」（シェア7・5%）、「Specialプッチンプリンとろける食感150g」（シェア5・6%）とあります。これを参考に品揃えを見直すことが可能です。

■POSデータの活用は

小売業におけるPOSデータの活用には以下のものがあります。

1 売れ筋・非売れ筋商品の把握（カテゴリ別、単品別など）
2 売上分析（商品、天候、地域、顧客属性、店舗、部門、担当者、仕入先など）
3 バスケット分析（一緒に変われた商品の関係性をみる）
4 欠品の防止（補充発注システムとの連携による）
5 在庫情報の正確性の向上（在庫管理システムとの連携による）
6 店舗別部門別予算管理（前週対比、前月対比、前年対比）

これらの情報をもとに、品揃え、商品陳列、仕入や在庫計画、イベント企画、POP*やチラシ作成などに活用することで、売上げや利益率の向上を期待できます。

小売業の世界最大手の米ウォルマート・ストアーズは、POSシステムの先進的活用企業として

＊ POP
店舗などの商業施設において、その商品についての説明、価格などを表示した主に紙の広告媒体を云う。紙に替えてディスプレイにしたデジタルPOPやデジタルサイネージも普及している。Point of purchase advertisingの略。

も有名です。店舗の特性（大学が近所にある、競合が厳しいなどの）情報とPOS情報を組み合わせて、コスト削減などより経営成果を高める工夫をしています。

■POSデータを活かすには人が重要

POSデータを活用して、品揃えを見直したり、購買行動に合わせて陳列場所を変えたりするのは、誰が、いつ、行ったら良いのでしょうか。ドラッカーの言葉のように、**POS情報を現場に活かすためには、従業員のコミュニケーションが不可欠です。**

成城石井は、POSデータの活用でも注目されています。売場づくりと提案力を素早く確認する道具としてPOSデータを利用しています。例えば、当日のマークダウン（値下げ）商品を、午後3時にデータを見て5分後には売場に指示できるというのです。また、独自に発掘した商品は、値段を下げずに売れるように陳列やPOPを工夫するなど、データだけに頼らない売場づくりと接客教育に力を入れているのです。

POSデータを活用するためには、経営者はじめ店舗や部門責任者の役割も重要です。**情報を活用できるコミュニケーション能力を高める、従業員教育が大事です。**

ジャストインタイムはPOSで最大効率となる。

Q20 お客様満足はマーケティングの仕事？

■予約システムを入れたがほとんど効果が無い

首都圏のある大学病院でのことです。通院で眼科を受診すると、待ち時間は2時間半かかりました。受診時間は5分です。受診が終わると会計ですが、20分待たされます。受け取った処方箋を病院前の調剤薬局に持って行き、目当ての薬剤を購入するのにまた30分待つのです。そのうち、予約管理システムが導入されるということで受診カードを受け取りました。待ち時間が減るだろうと期待したのですが、その後も待ち時間は2時間を切ることはありません。これ以上仕事に負担を掛けられず通院を止めました。顧客満足度調査があれば、間違いなく「1」（5段階評価）と答えます。

■マーケティングは中心的な機能である／ドラッカーの言葉

マーケティングは、企業全体の中心的な次元の働きである（『マネジメント』）。

事業の目的は、顧客の創造です。マーケティングは、お客様づくりのために組織のマネジメントの方向づけを決める管制塔の役割を果たす必要があることをドラッカーは云っているのです。お客様づくりのためには、お客様の満足度「４」以上を得ることは、絶対条件のはずです。

■顧客満足度を高めるＩＴ活用

ある地方都市の医院では、ＩＴを活用して医院全体の効率化に務め、一日３００人を超える患者さんの満足度の向上を実現しています。電子カルテの導入に留まらず、各種検査情報のファイリング、予約システム、コンタクト在庫管理システム、診察券発行機、再来受付機を統合的にネットワークで結んだシステムです。

予約管理システムを導入したが、電子カルテもなく他の検査情報も看護師や職員が持ち運んでいる状況では実現し得ない、高いお客様満足の獲得に成功しているのです。

■コンシェルジェにＩＴを活用する

外国語の通訳がいなくて困っているお客様の気持ちになり、その対応を考えることはマーケティングです。ＪＴＢコミュニケーションズ（本社東京都）では、タブレット端末を活用して、英語、中国語、韓国語のオペレーターによる通訳や観光案内を行なっています。ホテル、観光地、国際会議、個人旅行のときにでもタブレット端末を使って、通訳との互いの顔を見ながらのサービスですから、顧客満足度が低いはずがありません。

欠陥はシステムにあって人にあるのではない。

成果が出ない、お客様づくりができない、お客様満足を高められない、真の原因は、「システム」にあるというのがドラッカーのマネジメントの考え方です。

お客様づくりのために、会社や組織の経営資源（ヒト、モノ、カネ、知識、情報）を機能させる**仕組みをつくるリーダーシップは、マーケティングでもある**のです。

English
French
Chinese

顧客の悩みは IT で解決

Q 21

マーケティングの目標と成果は

開業1年後に黒字化を果たした病院

東京都の東京リバーサイド病院（病床数133）は、グループ病院と連携をとりやすい回復期リハビリ病棟（病床数50）を2009年5月に開業し、半年以内に経営を軌道に乗せました。その後、一般病棟（病床数55）も軌道に乗り、口コミの影響が大きい産科（病床数28）も開業後約一年で黒字化を果たしたのです。電子カルテも導入し、グループ病院とネットワークで結び、患者一人ひとりに的確な対応が可能です。当初からの目標であった女性医師による産科、婦人科、泌尿器科、乳がん検診、女性向け人間ドックに力を入れ、女性向け医療機関の強みを築いているのです（日経ヘルスケア2010・12）。

■集中すべき分野を決める／ドラッカーの言葉

マーケティングに関わる目標設定は、集中の決定と市場地位の決定の後に行う（『マネジメント』）。

集中の決定とは、事業の定義「私たちの事業は何か」を問い、目的とミッションを実現する行動をハッキリさせます。また市場地位の決定とは、選択した事業分野において、リーダーを目指す製品、サービス、価値を決定することが大切だと云うのです。

■ITを活用して製品の販売後もマーケティングは続く

製品を販売して終わりにしないマーケティングを実践しているのが、ローランド ディー．ジー．（浜松市）です。製品（屋外サイン作成用の業務用インクジェットプリンタ）から、その使用状況等の情報をネットワークで収集し、顧客データベースと連携しているシステムです。これによって保守担当者が現地に行かずに製品使用状況を把握し、分析することで次回の訪問時期、増設や保守の提案ができます。システム導入前の現地訪問やアンケートによる機械情報収集コストに比べて、年間約５０００万円の削減が可能だといいます。アフターサービスですが、マーケティング効果の一つです。

■マーケティングには目標が必要である。

ドラッカーは、『マネジメント』（1973年）の中で、マーケティングの目標設定として以下を挙げています。

1 市場内での製品目標：製品シェア（市場占有率）、製品販売額の伸び率など。
2 製品の廃棄目標：廃棄する製品数、製品廃棄の時期など。
3 市場における新製品目標：新製品の数、新製品のシェアなど。
4 新市場の目標：新市場の規模など。
5 流通チャネルの目標：流通チャネル別の取扱金額、在庫金額、収益性など。
6 アフターサービスの目標：お客様への情報提供数、優待ご招待数など。
7 信用供与の目標：与信限度額、売掛金回収期間など。

以上のようにマーケティング目標は、経営資源の投入方向や配分など、きめ細かく検討して決めるべきものです。

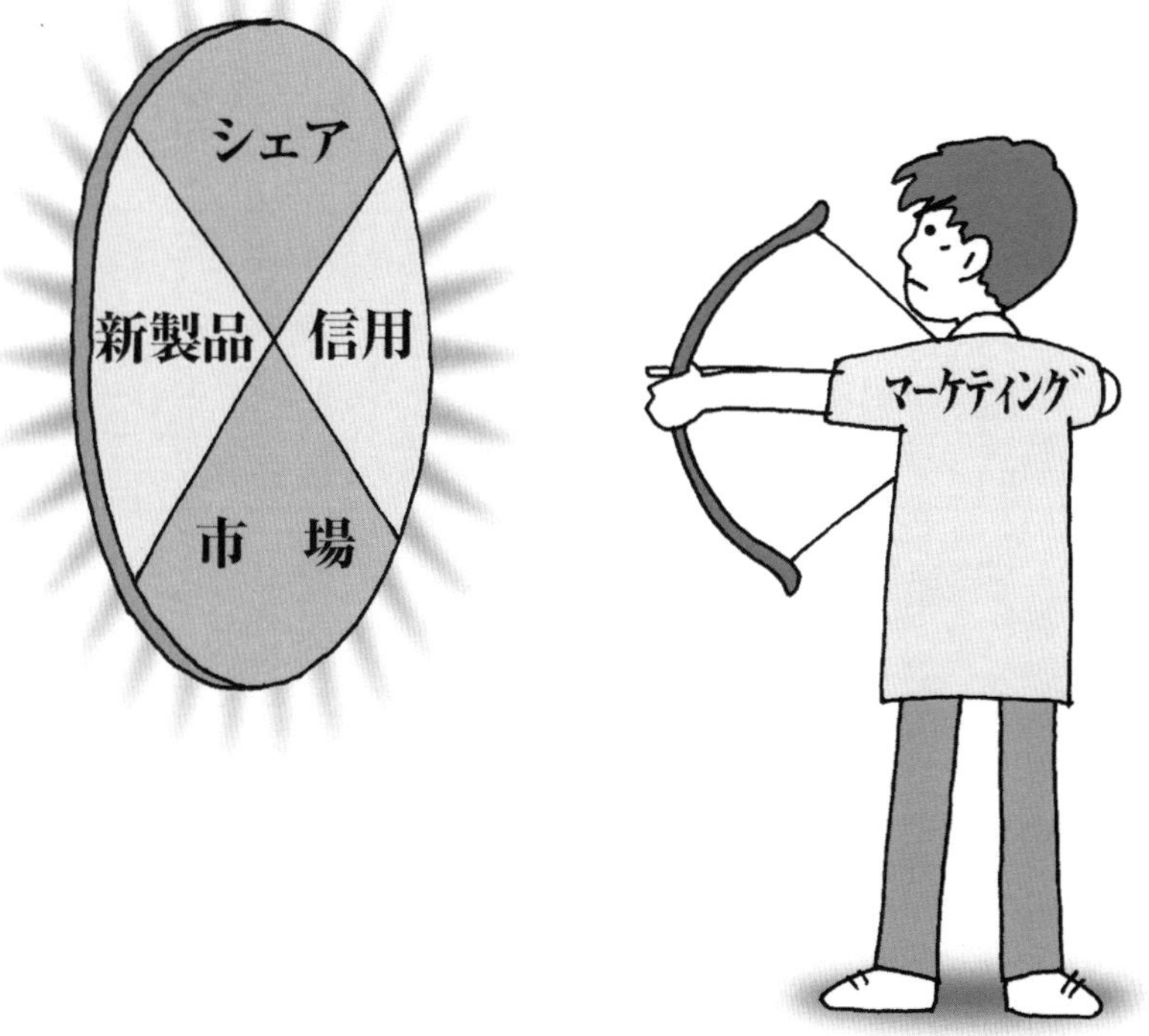
シェア
新製品
信用
市　場
マーケティング

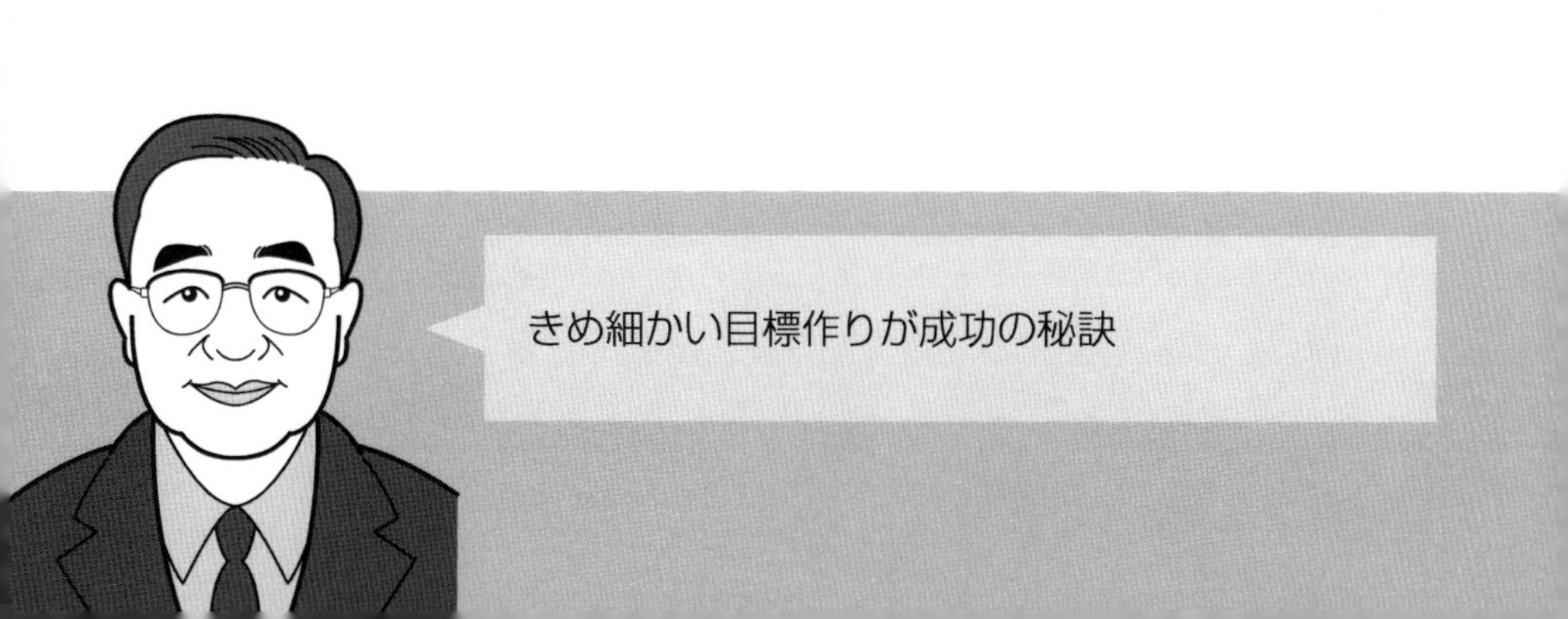
きめ細かい目標作りが成功の秘訣

■アジア市場向け商品の生産拡大

日用品大手の花王、資生堂、ユニ・チャーム、コーセーは、アジアの中間所得層向けに従来の価格帯の製品より価格を抑えた商品の生産を拡大して、成長市場の開拓を進めるといいます。国内市場は少子高齢化、人口減傾向です。海外の新市場を開拓しお客様づくりに経営資源を投入する企業が後を絶ちません。

ドラッカーは、『創造する経営者』（1964年）の中で、経営成果に貢献している製品を、昨日の稼ぎ頭、手直し品、以外に以下を挙げています。

1 今日の稼ぎ頭：現在の収益の柱になっている製品。
2 明日の稼ぎ頭：来期の収益の柱になってくれる有望な商品。
3 独善的投資品：経営者の思い入れ商品、廃棄対象の可能性がある。
4 開発品：市場に導入中の製品、テスト販売の結果を見て判断する。
5 失敗品：上手くいかなかった商品、廃棄の対象とする。

マーケティング情報を分析して商品毎に対応策を決めるには、ＩＴが不可決です。

製品の役割を定義しよう

KEY WORD

●電子カルテ

カルテを電子化（デジタル化）したものの呼び名。電子カルテにする方法には、手書きのものをスキャナーで読む方法とPCなどのシステムの端末を操作する方法があります。電子カルテにすることで、病院施設内だけでなく、ネットワークを利用する他の医療や薬局、介護施設、大学などの関係機関と情報共有が可能になる。個人情報やプライバシーを守る対策も合わせてとる必要があります。

●タブレット

スマートフォン（高機能携帯電話）の4倍程度、B5版程度の大きさの多機能携帯端末のこと。米アップルのiPadが有名だが、ソニー（Sony Tablet）、東芝（REGZA Tablet）、富士通（ARROWS Tab）などもある。ほとんどPCと同じ機能であること、スマートフォンよりも画面が大きいこと、ノートPCよりも携帯性に優れていることから、利用者、利用環境、利用方法の新規分野で活用が進んでいます。

● GPS

カーナビや携帯電話に搭載されている全地球測位システムのこと。地球を取り巻く宇宙空間にある複数のGPS衛星の電波を受けて、GPS受信機をもつカーナビなどが地球上の自分の現在位置を知るシステムです。天気予報の対象地域を詳細化、環境調査の正確性の向上、船舶・航空機・車輌の交通管理、人の所在情報、防犯分野、マーケティング・営業など、活用方法は拡大しています。Global Positioning System の略。

● POSシステム

小売店や飲食サービス業などで普及しているレジ精算機能を合わせ持つ機種を端末として使用する販売時点情報管理システムのこと。

商品に貼られたバーコードやICタグをスキャン（読み取り）することで、商品コードなどの基本情報を得て販売管理システムなどが持つ商品単価と結びつけて、意味ある販売情報にする。顧客カードやクレジットカードも合わせて読み取ることで、顧客属性（年齢、性別、住所など）と購入実績によるデータ分析など、マーケティングに活用できます。Point of sale system の略。

［第Ⅲ章］

イノベーション

Q22 ◆ イノベーションとは

Q23 ◆ イノベーションをマネジメントするには

Q24 ◆ イノベーションのきっかけをつかむには

Q25 ◆ 経済連鎖におけるイノベーションとは

Q26 ◆ 機械化によるイノベーションの限界は

Q27 ◆ イノベーションのための組織づくりとは

Q28 ◆ 在庫管理と物流のイノベーションとは

Q22 イノベーションとは

百年企業の破産

世界的に経営環境が厳しい中では、130年の歴史を持つ老舗企業でさえ例外ではありません。映像機器大手メーカーのコダックが2012年1月、日本の民事再生法の適用にあたる破産申請をニューヨーク連邦地裁に行ないました。コダックは、写真フィルムで一時代を築いたものの、デジタルカメラが普及する市場変化に対応できず、業績の低迷から抜け出せなかったためだと言われています。

より大きな富をもたらす新しい能力を生み出す／ドラッカーの言葉

イノベーションの意味は、人的資源や物的資源に、より大きな富を生み出す能力をもたらすことである（『マネジメント』）。

イノベーションとは、画期的な新製品やサービスを開発することだけではありません。ドラッカーも取り上げているようにカイゼン*も含まれます。これは、病院や介護施設、学校などの非営利組織でも、基本的には同じです。どんな事業も市場の支持を得られなければ、経営は行き詰まります。

ITを使って継続的にイノベーションに挑む

宅配便で国内首位のヤマトホールディングスは、ITをイノベーションの道具として上手く活用しています。1919年に貸切トラック輸送業から創業した同社の歴史は、ITを使った宅配事業の変革の歴史にも見えます。1974年に、業界でも早くから貨物輸送に関するオンラインシステムを導入して以来、次のような改善を継続しています。

1 荷物情報の更新時間を、軒先からほぼリアルタイムに実現している。
2 軒先での決済は、クレジットカード、電子マネーも利用できる。

＊ カイゼン
トヨタ自動車が体系化した継続的な業務改善の手法のこと。ドラッカーは、「明日を支配するもの」で、チェンジリーダーの条件の一つとして組織的な改善活動の有効性を述べている。

3 荷受人不在の時、顧客は通知されたメールへの返信で再配達依頼ができる。

これらの業務改革は、お客様の一つ一つのニーズに対応して来た結果です。セールスドライバーを支援するなど、宅配業務の変革にＩＴを貢献させることによって、業務の効率化と高い顧客満足を維持することができているのです。

社会ニーズをとらえた「電子版お薬手帳」

政府が推進する個人の診療履歴などを電子化する「どこでもＭＹ病院」構想をとらえて、薬局やドラッグストアでは「お薬手帳」の電子版の導入に積極的です。約５００の薬局をもつグローウェルホールディングスも一部の店舗で導入したところ、薬剤師の作業効率が10％向上し、患者の待ち時間を３分～15分減らす効果がありました。

マネージャーは、社会のニーズを利益が伴う事業機会に変えなければならない。これはイノベーションの定義でもある。とはドラッカーの言葉です。

ハイテク装備がサービスを進化させる。

Q23 イノベーションをマネジメントするには

■新薬の開発責任者はハムスターが適任？

ある製薬会社での出来事。同社において総務、人事、法務、財務を歴任してきた新任の社長が、博士号を持つたたき上げの研究所長に、「研究開発予算をつくって提出して欲しい」と言いました。すると研究所長は「研究開発に予算をつくれる訳がない。ハムスター（実験用のモルモット）に化学物質を食べさせたり注射をしたりして、その反応を見て次の仕事の方向を決めるのだから。」と反論しました。これを聞いた新任社長は、「それなら、すぐに辞表を書きなさい。何故、一番頭の良いハムスターを貴方の後任者にしないのか。マネジメントしているのは、ハムスターではないか」と言ったのです。

これは、ドラッカーが（『Management Cases』（『邦題：状況への挑戦』）（1978年）の中で取り上げているマネジメントを学ぶケースの一場面です。製薬会社では、新薬をつくることは、イノベーションの中心的な課題です。ところが、この研究所長には、場当たり的で何の目標も決めずに仕事をする姿勢があり、問題だといえます。
イノベーションには会社の存亡がかかっています。その担当者がどんなに優秀だとしても、任せきりにして良いはずがありません。マネジメントするべきなのです。

まず目標を決める／ドラッカーの言葉

イノベーションの目標は、「私たちの事業は何であるべきか」の答えを経営活動で実行するための目標である。

イノベーションは、専門家や担当者の自己満足から始めてはいけないのです。事業の目的はお客様づくりです。最初に組織の本業は何か（私たちの事業は何であるべきか）を確認します。ドラッカーは、以下の目標を設定するべきだと云います。

1 製品に関わる目標：新製品や新サービスの開発数や開発日程、製品やサービスの改善、市場の地位、市場シェアなどの目標をきめる。
2 社会的な目標：新市場の開拓、新たな顧客ニーズの発見、顧客行動の分析、満たすべき顧客価値についての目標をきめる。

3 マネジメントの目標：製品やサービスの開発プロセス、経理、事務管理、労使関係、流通チャネルや物流に関する活動や技術の改善に関する目標を決める。

イノベーションの進捗を見るIT活用

目標を決めたら、実現のための課題を洗い出し役割と担当者そして期限を決めます。イノベーションの担い手である各担当者の働き振りを、マネージャーが知るには、いわゆる「ホウ、レン、ソウ」（報告、連絡、相談）が、不可欠です。これを行うのに逐次会議を開くのは、昔の話しです。テレビ会議やプロジェクト管理システムなどのITを使うことで、関係者が現状を知り意見交換するのを迅速かつ低コストで行うことが出来るのです。目標に対してどこまで進んでいるのかを、迅速に正確に関係者が知ることは、イノベーションを進める仕事環境なのです。

イノベーション
相談
報告
連絡

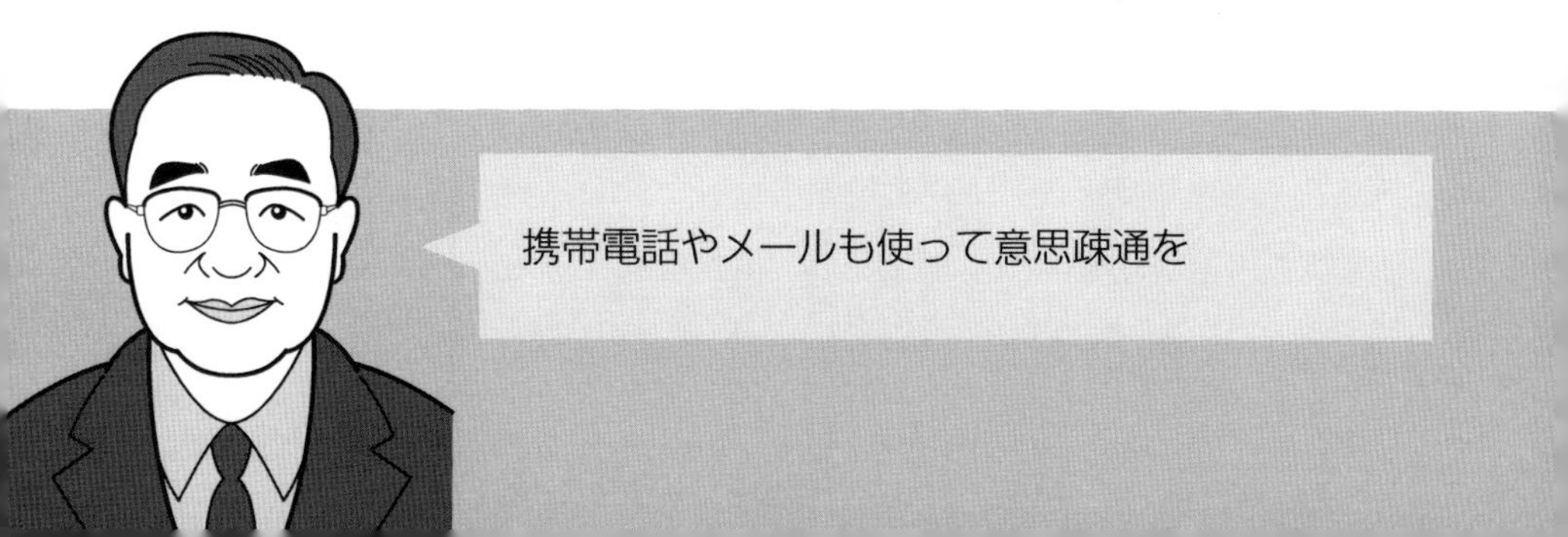
携帯電話やメールも使って意思疎通を

Q 24

イノベーションのきっかけをつかむには

■シニア消費100兆円突破

シニア世代（60歳以上）の年間消費支出が2011年に初めて100兆円を突破したこと、さらにこの額が個人消費に占める割合は44％であり、年々増加していることを日本経済新聞の夕刊（2012・1・21）が報じました。この主な背景は、国勢調査（平成22年）の結果に見ることができます。日本の65歳以上の人口は、3574000人（平成17年比13・9％増）、人口に占める割合は、23％であり世界第一位です。二位は、イタリアとドイツが並んで20・4％です。出生率も1・3％代では人口維持できないことが明らかです。人口減、国民の3人に一人が高齢者という時代に近づいているのです。

イノベーションの7つのきっかけ／ドラッカーの言葉

イノベーションのきっかけは、7つある（『イノベーションと企業家精神』）。

と、ドラッカーが云っています。

1 予期せぬ成功と失敗：予想や期待を上回った成功、下回った失敗。

2 ギャップの存在：定量的なもの：業績、定性的なもの：認識、価値観、仕事の手順（プロセス）に不都合がある。

3 ニーズの存在：プロセスの不都合、労働力不足、知識不足など。

4 産業構造の変化：建設業と製造業の就業者数が減りサービス業やその他産業の就業者数の割合が増加している（国勢調査の結果）など。

5 人口構造の変化：少子高齢化の進展など。

6 認識の変化：原発事故により自然エネルギーの関心が増加した。

7 新しい知識の利用：ＰＤＣＡでは人をマネジメント出来ないなど。

イノベーションのきっかけとなる情報をどのように入手するか

ドラッカーはそのための方法を提案しています。

1 定期的に行う報告のとき、問題とイノベーションのきっかけと思われることを報告書に書いてマネージャーに提出する。

2 マネージャーと働く人は、毎月、自分の業務に関することで、いつもと違ったことや予期しなかったことを報告する。

また、イノベーションのきっかけとなる情報は、それぞれの立場で受け取り方が違います。自分の仕事に役立つことを思いつく場合もあれば、「あの人だったらこの情報を上手く活用するだろう」と云う場合もあります。

ITを使えばメリットが大きい

お客様相談室に入ってくる情報を全社員が共有化することで、お客様対応や商品改善のスピードを向上しているのが、味の素ゼネラルフーズ（AGF）です。お客様からの問い合わせや意見、ク

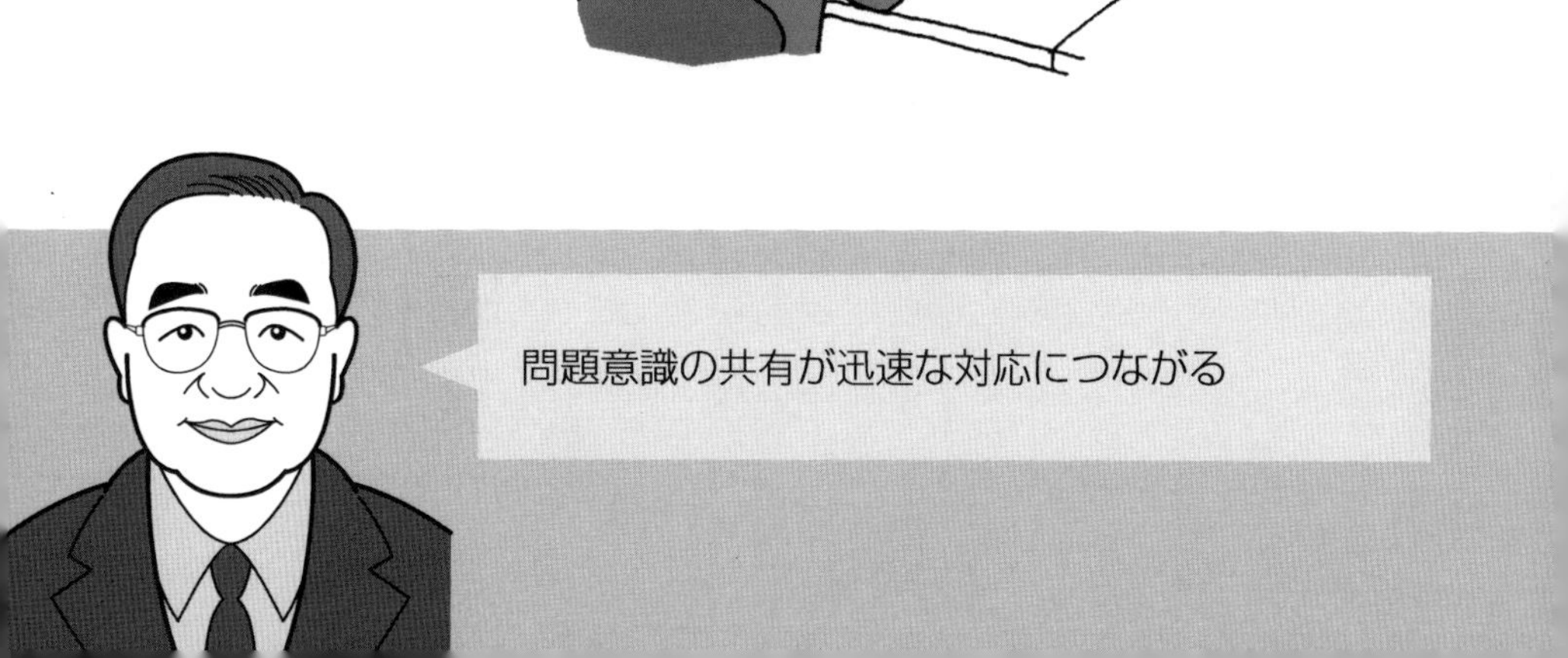
問題意識の共有が迅速な対応につながる

レームなどをシステムに入力すると、品質管理、商品開発、営業など各部署で共有される仕組みです。全員が自分に関係するお客様情報を時系列に検索できるだけでなく、各自の顧客対応の状況も共有されるといいます。

イノベーションのきっかけとなる情報は、お客様の言動に多くあります。ＩＴを使って共有することで、各自のイノベーション活動に結びつけやすくなるのです。

■社長のつもりになって働く

毎年、各社で行なわれる入社式での社長スピーチでは、きまり文句があります。その一つは、「今日からは、社長のつもりになって働いて欲しい」というものです。

例えば、社長のつもりになって働くとは、次のような働き方ではないでしょうか。

1 毎日、５つの重要な質問を自らに問い、それに沿って働く。
2 上手く行かないことを他人のせいにしない。お客様を言い訳にするのは最悪です。
3 明日のために今日行なうべきことを今日中に行なう。
4 イノベーション（新製品やサービスの開発、業務改善も含む）に意識的に取り組む。
5 他人との信頼関係を築くことを考えて働く。

■イノベーションを習慣にするには

このようなステップを踏むことで、誰でもイノベーションを習慣にすることが可能です。

1「いつもと違ったことは何だったか」を自らに問い、答えを書いてみる。
2「それはいくつあったか」を自らに問い、答えを書いてみる。
3「それは、何故、いつもと違ったのか」を自らに問い、答えを書いてみる。
4お客様や仕事の受け手の立場で、いつもと違った原因を書いてみる。
5お客様や仕事の受け手の満足度を上げるために行なうべきことを書いてみる。
6上司、同僚と相談して、行うべきことを活動計画にまとめる。

さらに、『明日を支配するもの』の中で、ドラッカーは、次のように述べています。

未来のための予算は、全予算のうち10%から20%である。

予算金額だけではなく、勤務時間の10%から20%を、イノベーションに関する活動に使うことでも良いのです。組織的に行うことの大切さをドラッカーは云っているのです。

Q25 経済連鎖におけるイノベーションとは

■災害時だけではない取引先との連携強化の必要性

２０１１年の東日本大震災やタイ洪水のとき、大多数のメーカーは、規模を問わず操業停止に陥りました。最も大きな理由は、停電、工場建屋や機械設備の破壊です。ところがその後、工場や機械設備は稼働できる状態に戻せた場合でも、操業ができない事態が相次いだのです。自らの工場で使用する部品や材料が調達できないことが主な原因でした。いつ部品や材料が手に入るのか分からない、仮に調達できたとしても品質に問題は無いのか、一時しのぎの提供ではないのかなど。

また企業間競争が激化する中、製品コストと納期の圧縮要求に応えるためにも、取引先との経済連鎖（サプライチェーン）に関わる悩みは絶えません。

■全ての経済連鎖の情報管理が必要／ドラッカーの言葉

激化するグローバル市場における競争で成功するには、全ての経済連鎖のコストを知り、その連鎖上の他のメンバーと一緒にコストを管理し、成果を最大化しなければならない（『明日を支配するもの』）。

ここでコストを管理するとありますが、その意味は、メーカーの部材調達から消費者へ商品が届くまでの流れ（全ての経済連鎖）にある部材や商品の在庫情報だけでなく、部材調達、製造、物流、販売などの仕事（取引先も含む）に関わるコストの全体、文字通りお金に関わる全ての情報を指しています。一般に、流通在庫を削減すると云われるサプライチェーン・マネジメント（ＳＣＭ）より、広い情報管理の必要性をドラッカーは説いています。

■グローバル企業のサプライチェーンのＩＴ活用

タイ洪水の最中にあっても、米ヒューレット・パッカード（ＨＰ）は、グローバルＳＣＭを構築しています（日経ビジネス、２０１２年３月５日号特集「不屈のサプライチェーン」）。例えば、連鎖（チェーン）にある部材、仕掛かり品の価値をいつでも把握できるため、今生産ラインで製造中の仕掛かり品が完成して、店頭で販売されたときの利益を予想できるというのです。このためには、流通上の予想販売価格から部材とその調達や製造に係るコストを差引く計算を行う必要がありますが、ITを使わなければ出来ない事です。

日本では、花王やコマツも早くからグローバルな情報システム（SCM）を構築しており、調達、生産、在庫、販売にかかる情報を日々の意思決定に活用しています。

■経済連鎖のIT化のポイント

グローバル競争で負けない経済連鎖の情報管理を進める場合には、チェーン上の取引先とのIT連携が不可欠です。別法人との情報共有には、「知られたくない」「商売上の対立がある」などの課題があるのも事実です。

ドラッカーも**経済連鎖のコスト管理には、情報の共有が不可欠であるが、同じ社内でさえ情報共有には抵抗する傾向がある**といっているのです。

しかし、**事業の目的はお客様づくりであるというマネジメントの視点に立てば、これらの課題を克服できる**はずです。

それでは、経済連鎖をIT化する手順を確認いたしましょう。以下の通りです。

1 情報共有する取引先を選定し、「事業の目的はお客様作りである」など、情報共有の基本的な考え方について、時間をかけて話合うことが大切です。
2 情報共有する情報を具体的にするなど、何をしたいのかを明確にします。例えば、発注情報、出荷情報、着荷情報、在庫情報、物流作業の情報など。
3 ＩＴの専門家と相談する。彼らは取引先のＩＴ専門家と、以下の仕事を進めます。

- 互いの情報システムの現状を把握する。
- 情報システムのあるべき姿をまとめ、設計書を作成したり、システムのプロトタイプ（試作に当たる）を作成して、業務側の要求と合致するかを確認します。

お客様が購入する価格から始める／ドラッカーの言葉

経済連鎖のコスト管理でさえ、コスト主導の価格設定から、価格主導のコスト設定に移行せざるを得ない（『明日を支配するもの』）。

ドラッカーは、シアーズやマークス・アンド・スペンサー*は、ずいぶん昔からお客様が進んで購入する価格を設定し、商品の設計段階から許容されるコストを明らかにしていることが、今や一般的になってきているとも述べています。ただ、自分の会社が永続するために利益を確保するような経営を推奨しているのではなく、お客様の満足を前提にしているのです。

いざと云うときに困らないために

サプライチェーンの取引先同士で情報連携をすることで、互いに部材が届かなくて製品がつくれないという事態をなくすことが可能となります。そのためには、IT化の際に、業務改善を行って標準化をしておく必要があります。これを進めるのはITの専門家ではありません。経済連携を成功させる鍵は現場業務のマネージャーにかかっているのです。

＊ マークス・アンド・スペンサー
創業約120年のイギリスの小売大手。衣料品・日用品、プライベートブランドに強みを持つ他、惣菜店、アウトレットなどの業態も展開している。

会社で危機管理マニュアルを共有しよう。

■eコマースが世界を変える／ドラッカーの言葉

eコマースは、経済、市場、産業構造そのものを変えている（『ネクストソサエティ』）。

ドラッカーとITとの関わりは、彼が新聞社の編集長をしていた、IBMがまだ中小企業の時代、1940年代にはじまり、1950年代には、二代目経営者のトーマス・ワトソン・ジュニアのコンサルタントをするなどIBMの創業一家とは長い付き合いでした。

1930年代からコンピュータの前身である計算機から発展して、コンピュータとして産業社会に及ぼす影響も含めて、取材の対象でもあり生涯の観察テーマでした。

情報革命にとってのeコマースの働きは、産業革命にとっての鉄道である（『ネクストソサエティ』）。

かつて産業革命では、鉄道による物流によって世界的な経済活動を発展させ、経営の仕方までも大きく変化させ人々の生活も豊かにしました。eコマースは、20世紀後半に起こったIT革命の牽引車と言えます。マネジメントはこれを活用すべきです。

eコマースの威力は鉄道の発明に匹敵

Q 26

機械化によるイノベーションの限界は

■行き過ぎた機械化の弊害

フォード*は、20世紀初頭に自動車の大量生産を可能にした流れ作業が出来るベルトコンベア式の生産ラインを作り上げました。ドラッカーは、この組み立てラインを著書『マネジメント』（1973年）の中で取り上げ、その欠陥を指摘しています。それは、組み立てラインで働く人を機械の一部にしたが、人は機械ほど正確に仕事ができないこと、働く人が自分の生産性を上げるとライン前後の同僚から脅威と見られるのでチーム意識に亀裂が入りやすいことなどです。

当時の米国を支えた工場労働といえば、無声映画「モダンタイムス」**の中で、チャップリンが歯車に巻き込まれる印象的なシーンが思い起こされます。

機械化によって人の能力を増大させる／ドラッカーの言葉

仕事の機械化は、人の能力を増大させるように行わなければならない。

このように出来ないのはエンジニアリングが的確でないからだとも、ドラッカーは述べています。コストダウンや生産性の向上を最優先するあまり、人を機械の一部として働かせる方法は、人の心とコミュニティー（人と人との絆）を破壊するものであり、ドラッカーのマネジメントには無いのです。むしろ、**人が機械の一部と見なされる仕事は、早々にＩＴを活用したオートメーション（自動化）を検討すべきです。**

また、「日本や中国の算盤（そろばんのようなもの）がオートメーションの粋である」とドラッカーが述べていることは特筆すべきことです。

＊　フォード
ヘンリー・フォード（1863-1947）。現在の米大手自動車メーカーのフォード・モーターを1903年に創設した。

＊＊　モダンタイムズ
1936年、チャーリー・チャプリン（1889-1977）が監督・製作・脚本・作曲をした社会風刺映画。自ら主演したこの映画では、資本主義社会で機械の一部になって働く人の姿、人間の尊厳が失われていく社会を描写した。

生産方式のイノベーション／一人一個生産方式

ものをつくる生産方式には、大きく分けて製品を一個ずつ作る方法と、フォードのように流れ作業によって大量に製品をつくる方法があります。流れ作業は昨今では、「一個流し」といい、工程間の仕掛品をゼロにする改善が試みられています。また多様化した顧客の価値観や、流通チャネルの在庫削減要求から多品種少量の注文が増加する傾向にあります。多品種少量生産に適した生産方式としては、一人一個生産方式があります。ところが、この方式には働く人の能力によって、品質と生産性のバラツキが大きいという最大の欠点があります。

この欠点をITで補い生産システムをイノベーションしたのがローランド ディー．ジー．社です。例えば、図面を読み取りながら必要な部材やネジを取り出して、一つの製品（印刷機など）に仕上げるために、それぞれを組み合わせてネジ締めや組み込みを行う作業があります。これらの作業の内ネジ締めと部材の組み込み作業以外をITによって自動化しています。ネジ締めについても、締める力をITで制御されたドライバーを使用しています。仕事に責任を持たせて、やりがいを持てるようにする、どの製品をどれだけつくったのか、それにかかった時間などの情報を作業者にフィードバックします。スキルアップの教育や自己学習を支援することで、個人の能力を高めることができ、品質も生産性も向上したというのです。

自己完結がモチベーションを高める。

Q 27

イノベーションのための組織づくりとは

■イノベーションは企業家精神から／ドラッカーの言葉

既存の企業、起業間もないベンチャー、公的サービス機関、政府機関も、企業家精神（アントレプレナーシップ）においては、基本は同じである。イノベーションについても変わりはない。そこには企業家的マネジメントとでも呼べる規律がある（『イノベーションと起業家精神』）。

ドラッカーは、イノベーションはマネジメントの一部であり、特に起業（新しい事業を興す）の視点を強調した言葉であると考えます。起業しただけでは事業は続きません。従業員の全員が、常に社長の気持ち（企業家精神）を持って働くことで、明日の新しい事業を継続的につくりだす組織をつくるのです。

グーグルの成長を支える企業家精神

１９９８年に創業した米グーグルは、わずか12年（２０１０年３月期）で売上高２兆３７００億円の検索エンジン世界最大手になりました。国内でのシェア（２０１１年９月期）は、二位のヤフー（25・９％）に大きく差をつけて第一位（71・０％）です。グーグルアースやストリートビューなど話題性の高いサービスを世界に提供したことでも革新的です。

スマートフォンなどの携帯情報端末向けＯＳ（基本ソフト）のアンドロイドを開発し、このＯＳを武器にモトローラの通信機器製造部門を買収（２０１１年１月）しました。２０１２年３月にはアップルのｉＯＳを抜き国内スマートフォンのＯＳではトップシェアに成長します。ビジネス向けのクラウドサービスとしてのＧメールやカレンダー機能、独自のネットワークのように使用できるグーグルアップスなど、次から次と新しいサービスを開発する組織力には目を見張るものがあります。

このようなイノベーションを継続して行うことが出来ている背景には、ドラッカーが云う企業家的マネジメントが機能しているからに他なりません。

企業家的マネジメント4つの実践

ドラッカーは、4つの企業家的マネジメントの大切さを述べていますが、グーグルでは以下のように実行されています。

1 変化を脅威ではなく機会として受け止める組織をつくる。

経営者がイノベーションの推進役に成っている。技術系社員は勤務時間の80%をコア事業に、20%は自分でプロジェクトを選択する。また、管理職は、70%をコア事業、20%コア事業関連、10%新事業やサービスに投入する。

2 イノベーションの成果を体系的に測定し評価する。

グーグルでは、ITを使って全社的なプロジェクトの進捗、結果、担当者がガラス張りになっており、経営者はいつでもプロジェクトの評価ができる。

3 組織構造、人事、マネジメント、報奨などに特別な施策を行う。

製品開発は、情報共有を重視しており、アイデアを全社員から集め全て全員で共有、議論する。また技術者の職務経歴・職能リストの共有、社内求人サイト（グーグル・ジョブ）を利用し部門横断的に働ける。

4 次の3つはしてはいけない。

①管理的な部門とイノベーションのチームを一緒にしてはいけない。

開発プロジェクトのメンバーは、常に経営陣との直接のコミュニケーションができる。

②得意でない分野でイノベーションを起こしてはいけない。

少なくてもITと関係する分野で事業拡大しているかに見える。

③ベンチャーを買収することによって企業家になろうとしてはいけない。

すでに自らがベンチャーとして成功している。

グーグルは、これらの企業家的マネジメントを行う道具として、ITを使っています。

世界中で同時並行して進む新サービス開発のプロジェクトの状況をガラス張りにしたり、世界の拠点で働く従業員のスキルや業績の管理、経営者とのフラットなコミュニケーションができる環境、これらはITを活用したりしなければ、実現が難しいものです。読者の中にはIT会社だから出来るのだ、自分とは関係ないと思われるかも知れません。しかしIT担当者から見れば、グーグルが社内で行っているこれらのIT活用は、会計システムを入れ替える費用に比べたらはるかに安価なのです。

■イノベーションこそ最高の手段／ドラッカーの言葉

イノベーションが、組織を維持し永続させるための最良の方法であり、働く個人の安全と成功にとって最も確実な基盤であることを徹底させる必要がある（『イノベーションと起業家精神』）。

ドラッカーが取り上げているイノベーション企業には、米プロクター・アンド・ギャンブル*（P&G）、3M、IBMなどがあります。これらの企業は、イノベーションの大切さを従業員に周知させることに成功していることです。

例えば、以下の点で共通しています。

1 上手くいかなくなったもの成果がでない事業を体系的に廃棄する。
2 機会には年齢、性別に関係なく有能な人物あるいは提案者を抜擢する。
3 失敗してもまたチャレンジできる組織風土がある。

＊　プロクター・アンド・ギャンブル
1837年設立。米国に本社を置く日用品メーカーで世界1位。2位はユニリーバ（英・蘭本社）である。ドラッカーから多くを学んだと云われている。

自由な意見交換からすべては始まる。

Q 28

在庫管理と物流のイノベーションとは

■午後12時のカレーパン事件

自宅近所に大手流通グループの低価格小規模スーパーのチェーン店があります。お昼にカレーパンを買いに行くと、目当ての品物があるのにいつも買えないのです。私の好みのカレーパンは人気ですから、開店と同時に通勤客が購入し売切れてしまうのです。その後、搬入されたパンの陳列棚の前に積み上げられた平たい物流用のケースの隙間から、それらしきものはチラッと見えているのです。これでは買えないのです。

■ドラッカーの言葉

欠陥はシステムにあって。人にあるのではない（『マネジメント』）。

このような機会損失が起こる原因の一つは、搬入された商品の受入検品が終わらず、商品陳列が出来ていないことです。検品しないルールにしている場合でも、機会損失を発生させた店舗運営（製品の発注からはじまり、在庫管理、出荷、物流、納品（店舗への）、受入検品、陳列）つまりシステムに問題があることは明らかです。

■ウォルマートのICタグの物流改革

世界小売最大手の米ウォルマート・ストアーズが、エブリデイ・ロー・プライス（毎日安売り）を実現できている仕組みには、優れた情報システムがあります。

商品にICタグを付け、RFIDという無線で読み取ることで、ピッキング*、物流、店舗納品から、店舗での受入検品の業務時間を画期的に短縮することに成功したのです。ICタグの場合は、大箱に入ったままの複数の商品に貼られたICタグを大箱の開梱なしで、瞬時に読み取ることができる点です。バーコード**を一つずつスキャンする場合に比べて、10分の1から20分の1に短縮されるのです。

＊　ピッキング
倉庫の保管棚にある商品や部材を品出し（取り出し）する作業のこと。
＊＊　バーコード
直線が配置されている一次元バーコードではＪＡＮコードが、幾何学的な模様に見える二次元バーコードではＱＲコードが普及している。

■種苗店の単品管理システム

岩倉種苗店（静岡市、創業大正元年）では、バーコードを商品単品に付けて行う在庫管理システムを導入することで、正確な在庫情報をいつでもわかるようにしました。在庫については20％、棚卸し作業時間も30％の削減が実現できたといいます。合わせてPOSも導入したので、日次の会計処理を含めた作業時間も20％削減できたということです。このシステムの導入前は、商品単品の在庫数を把握するのには、その都度、店員が現品を数え、棚卸しも前後作業を合わせて1週間程度かかっていました。

さらに経営上の効果として、レジ待ち時間の短縮、商品の期限管理と廃棄処理を徹底でき品質管理ができるようになり、データの正確かつタイムリーな入力に対する意識改革が進んだこと、単品別粗利管理と月次決算の基盤が整ってきたことも大きい。

情報組織は、必ずしも先端的な情報技術を必要としない。

この事例は、中小企業が先端技術のICタグを使うことをしなくても、普通のバーコードで、業務のイノベーションが可能であることを示しています。

WAL MART
WAL MART
WAL MART
WAL MART
ICタグで管理して在庫を減らす。

■物流の環境負荷を低減するＩＴ活用

物流は環境面から見ても大きな課題の一つです。実際に物の移動には、車輌、鉄道、船舶、航空機などを用いますが、効率よく経済性を考えると、物を多数入れたケースや物を多数積んだパレットなどの物流機器を、車輌等で運ぶことが効果的です

物流機器のレンタル大手の日本パレットレンタル（東京都）は、経済性の追求と物流機器の環境負荷の低減のために、ＩＴを上手く活用しています。カート台車やパレットなどの物流機器にＩＣタグをつけ、物流の作業過程で自動的に位置情報とその物流機器情報を収集します。これによって、以下の経営上の成果がでているのです。

1 物流機器の数、保管、廃棄のムダをなくすことによりコストを削減できた。
2 物流器機の現位置、貸出先、グループ全体在庫を随時把握できる。
3 入出庫管理業務の時間短縮（最大十分の一）になった例や、棚卸が一人でできたという例もある。

物流は経済性と環境保護の視点からイノベーションが期待される分野です。

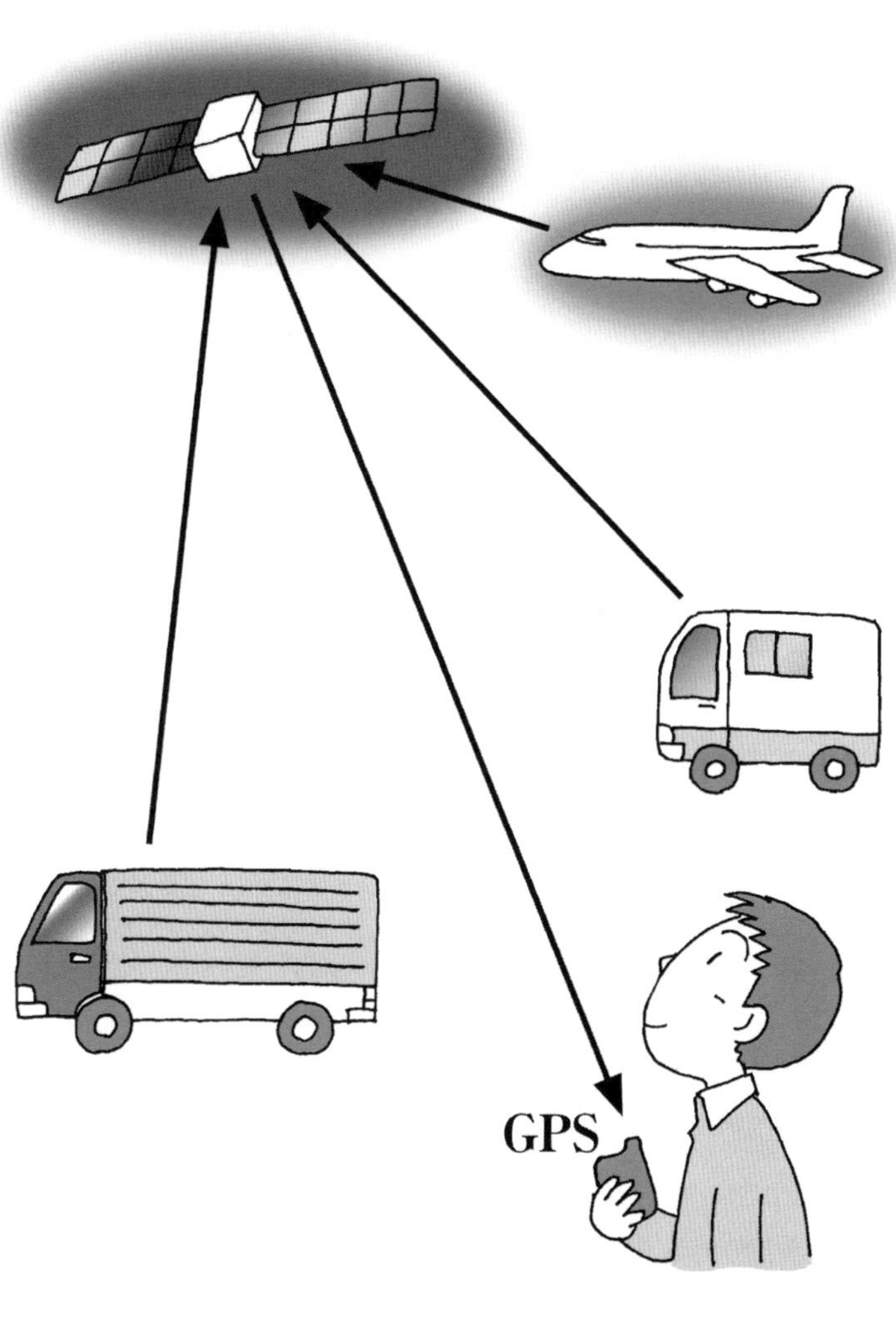
GPS

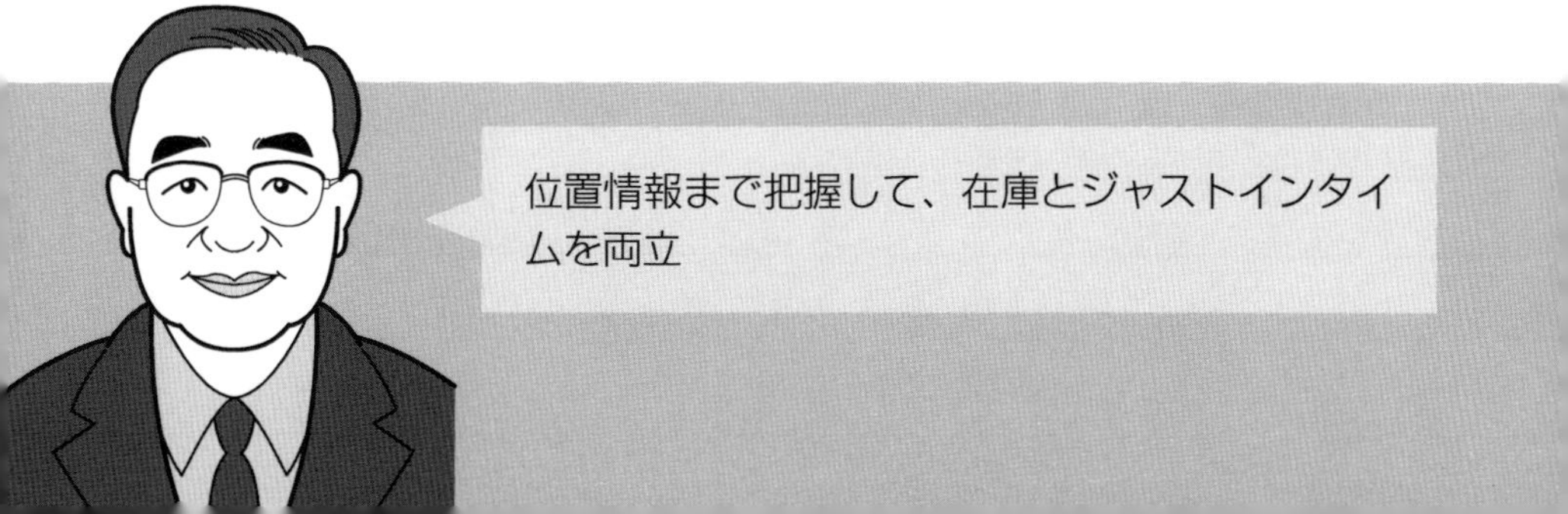
位置情報まで把握して、在庫とジャストインタイムを両立

KEY WORD

● SCM

供給連鎖管理のことを云いますが、課題はどこまでを連鎖の範囲とするかです。製品を製造するために必要な部材の調達、外部委託先への部材の支給・中間品の受領は、上流であり、完成した製品を卸や特約店、小売などの流通チャネルに販売するのは下流です。

IT 活用が普及した現在は、SCM の範囲は拡大しています。ドラッカーは、顧客視点から見た、経済連鎖全体の管理の必要性を説いています。Supply Chain Management の略。

● e コマース

インターネットや専用線を通じて顧客との売買取引を行なう商取引の方法のこと。書籍販売から創業した米アマゾン・ドット・コムは、家電や子供の玩具まで販売していますが、インターネット上で基本的な取引が行なわれています。多国語に対応しており、世界中の顧客を有するグローバル企業に成長しました。顧客を法人とする B2（to）B、顧客を個人とする B2（to）C の形態があります。Electronic Commerce の略。

● IC タグ

IC タグリーダー（読取機）から発信された電波を受けて、微量な電力を発生させ、自身の情報を読取機に発信する機能を持つ RFID で使う機器の一つ。IC タグは、JR 東日本の「Suica」のカード型やラベル型など様々な形状と小型化、低コスト化が進んでいます。また、一次元バーコード、2 次元バーコードと違って、書き込みが可能であること、通信方式によっては数メートル離れた距離でも読取りが可能であり、物流や移動体の認識などに用途が広がっています。

● RFID

読取機と発信機のペアで使用する。読取機側（リーダー、ライター）から電波を発信すると受信機側（RFID）で電流・電圧が発生し、メモリに記憶されている情報を読取機側に発信、読取機はこれを受信してその後の情報処理を行なうという通信の仕組みです。バーコードに比べて、一個一個読み取る必要がないこと、読取機と発信機の距離が離れていても情報の受信ができ、情報収集時間の大幅な短縮ができることから、活用範囲が拡大しています。Radio Frequency Identification の略。

［第Ⅳ章］

人的資源の活用

Q29 ◆ 誤解されたマネジメント

Q30 ◆ 誤解された目標管理

Q31 ◆ 能力開発とスキルの見える化とは

Q32 ◆ 人的資源の目標設定は

Q33 ◆ 起業家精神をどう育成するか

Q34 ◆ 会議の価値を上げるには

Q35 ◆ 情報責任と情報リテラシーとは

Q36 ◆ グローバル人材を育成するには

Q29

誤解されたマネジメント

■ある営業会議での出来事

国内市場の変化に対応するため、中堅製造業のA社は国内の営業体制を見直した。前期も半ばに差し掛かった東京支社の営業会議には、営業所長やリーダー20人、営業社員65人が集結しました。朝から半日かけて新しい営業体制での実績報告と、前期の売上げ見通しと営業計画について営業所長から説明がありました。同席していた東京支社長から指令が飛びました。

会議が終わったのは、予定を1時間オーバーして午後4時です。会議室から出てきた営業所長の二人は、「最近の若い者は、ＰＤＣＡができないね」「あとはＰＤＣＡを回せばいい」と会議の熱い雰囲気に満足げでした。ところが営業社員からは、「きつかったね。」「頑張ってもいいこと無いですから」と**空回りしているのです。**

■PDCAとは

ＰＤＣＡ（ピーディーシーエー）という言葉は、Ｐ（計画する：Plan）、Ｄ（実行する：Do）、Ｃ（評価する：Check）、Ａ（改善活動する：Act）であり、製造業の品質管理手順として、デミング*が提唱したもので、デミングサイクルと呼ばれているものです。何故か、ＩＳＯの品質マネジメントにもマネジメントサイクルとして掲載されているため、マネジメント＝ＰＤＣＡという言葉が広まり、管理つまりマネジメントと云えば、ＰＤＣＡを回せば良いと理解している人が大半です。

■人は機械ではない／ドラッカーの言葉

人は機械ではないし、機械のようにも働かない（『マネジメント』）。

ドラッカーが人を見るとき、生身の血が通った感情を持った人間として見ています。ものをつくる機械としては、人を見ないのです。これは、ドラッカー「マネジメント」を理解す

＊　デミング
ウイリアム・エドワーズ・デミング（１９００-１９９３年）、米国の統計学者であり統計的品質管理手法の開発者である。ニューヨーク大学ではドラッカーと同僚だった。

る上でとても大事なところです。

中堅製造業のA社では、営業所長は、マネジメントはPDCAを回せばいいと、理解して営業所のマネジメントをしているのです。東京支社全体もそのようにしていることは、容易に想像できます。

■人が働くのは労働の力学から／ドラッカーの言葉

人は、仕事の論理と労働の力学の両方で、マネジメントされるべきである。


ドラッカーは、PDCAは仕事の論理であって、それだけで人をマネジメントしてもダメだと云っているのです。品質管理だけを取り上げても、PDCA以外に統計学や数学、データを図解する方法など、品質管理が必要とする仕事の論理があります。

しかし、人が働くには内側から出てくる動機が重要だとドラッカーは考えるのです。

それでは、人が働く動機づけはどのようにしたら良いのでしょうか。

PDCAの実践

若手には PDCA の基本から教えよう

マネージャーの仕事とは

人が働く力学を組織の成果に結びつけるために必要なことは、5つのマネージャーの基本的な仕事であると、ドラッカーは云っています。

1 目標を定める：関係者（上司、部下、同僚、他部署や外部委託先も含める）とのコミュニケーションによって目標を定める。
2 組織する：行うべき仕事と作業を組織構造にまとめ、役割分担を定める。
3 動機づけ：関係者とコミュニケーションを行ないつつ、チーム意識をつくる。
4 測定する：予め定めた尺度で組織と個人の仕事ぶりを測定し評価する。
5 相互成長する：測定と評価の結果を踏まえ、部下とともに自己開発に努める。

これらの仕事は相互に関係しており、PDCAのように手順ではありません。場面によって使い分けるものですが、全てをバランスよく行なうことが必要です。

覚えるためには、目標（Objectives）、組織化（Organize）、動機づけ（Motivate）、測定（Measurement）、開発（Develop）の頭文字をとって、OOMMDでも良いでしょう。

事業を伸ばす情報体系

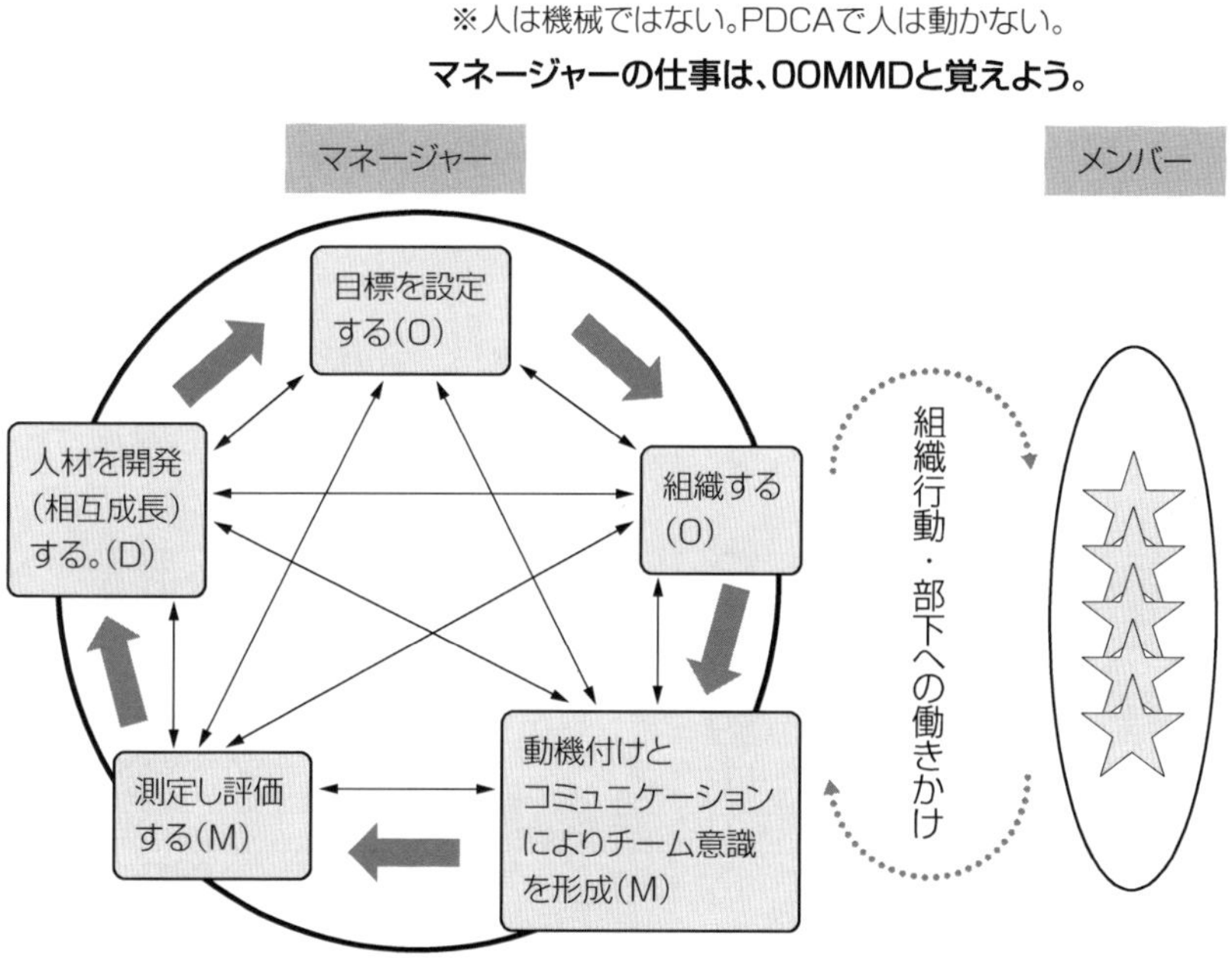
※人は機械ではない。PDCAで人は動かない。
マネージャーの仕事は、OOMMDと覚えよう。
マネージャー
メンバー
目標を設定する(O)
組織する(O)
動機付けとコミュニケーションによりチーム意識を形成(M)
測定し評価する(M)
人材を開発(相互成長)する。(D)
組織行動・部下への働きかけ

(『マネジメント』を基に森岡が作成)

OO
MMD

■近くに座っているのにメールで済ませようとする

いつも隣の人、前の席の人とメールで情報のやり取りをしているという中堅管理職K氏の話を聞きました。10人程度の部署ですが、コミュニケーションは、もっぱらメールだというのです。CCで上司に送ったメールを、その上司は理解しているものと臨んだ会議でひどく叱られたそうです。「CCで情報をもらっても、了解したわけじゃないぞ」と。K氏は、「それなら、メールの返事をよこせばいいのに」と口には出しませんでしたが、心の中で思ったというのです。この二人の席は、3メートル以内です。

■情報が多くてもダメ／ドラッカーの言葉

情報が多いことで顔を見る関係を置きかえることはできない（『明日を支配するもの』）。

顔を合わせるとはもちろん会話をすることです。PDCAで空回りしている職場は、ドラッカーのOOMMDを実践して、仕事のやり方を改善できるはずです。

どんな時にも直接のコミュニケーションは強い

Q 30

誤解された目標管理

■形骸化した成果主義と目標管理

全国の上場企業及び非上場企業を対象とした、「成果主義に関する調査結果報告」（社団法人日本能率協会、2005年2月22日）によると、成果主義を導入している企業は、全体の83・3％であり、その導入効果は3～4年で表れるとしています。成果主義は6ヶ月ごとに成果目標を設定して取組み結果を評価するという目標管理制度が柱になっています。

問題は中身です。人事部と部門トップが、成果主義の効果を認めているに過ぎません。従業員の反応は逆です。従業員の回答は「業務効率に役立っていない」29・5％、「意欲向上に役立っていない」34・5％、「どちらともいえない」が45％程度です。つまり**ほとんどの従業員が、成果主義や目標管理の有効性を認めていない**のです。上から下に指示され押し付けられる目標管理が横行しているように思います。

ドラッカーが説いた目標管理は、自己目標管理（Management by Objectives and Self-

control）であり、形骸化した目標管理とは別のものです。

ＩＴを使い目標を日々の仕事に落とし込む

目標は仕事の中に織り込まなければならない。仕事には、具体的かつ明快にして測定可能な成果、期限責任、担当が必要である（『マネジメント』）。

目標を日々の仕事に落とし込むツールとして、ＩＴを上手く使うことが有効です。その一つが、自動車用品販売のイエローハット（東京都）です。国内だけでも５００店舗を超えます。システムを改善する前は、**各店舗の営業活動の目標数値である、売り上げ、粗利、客数**をＦＡＸで収集していました。これを改善した今では、朝7時には、目標値に対する前日の結果を、日頃使っている表計算ソフトのイメージで分かるようになり、**店長の日々の仕事が的確に行われるようになった**のです。

これ以外のＩＴ活用の成果では、各店舗で発生する仕入伝票、物品の社内間移動、経費伝票の処理が自動化され、10％以上の経費削減効果があったといいます。

自己目標管理の仕組み／マネージャーズ・レター

ドラッカーは、自己目標管理の道具として、マネージャーズ・レターを提案しています。それは、上司から部下に声を掛けて、部下が書いた後で上司と面談（目標面接）します。組織と上司の目標、部下の目標を調整し、**自分で自分の目標を設定して完成させる**ものです。以下の質問に部下が答えます。

1 上司の仕事の目標
2 自分の仕事の目標
3 自分の仕事に要求されている水準
4 目標達成のために行なうべきこと
5 所属部門における障害
6 上司や会社が行なっていることで助けになっていること
7 上司や会社が行なっていることで障害になっていること
8 目標達成のために今後1年間で自分が行なうべきこと

これが、ドラッカーが『現代の経営』（1954年）で説いた本来の姿なのです。

マネージャーズ・レターの例

上司の名前　城田　誠	氏名　山岡　孝治
上司の仕事の目標	1. 部門目標の達成
	2. 新人の早期成長
	3. ○○君の○○スキル向上
自分の仕事の目標	1. 年間コスト削減目標の達成
	2. △△スキルの向上
自分の仕事に要求されている水準	1. コスト削減目標の達成
	2. △△スキル資格の受験
	3. ユーザークレームの削減
目標達成のために行うべきこと	1. 月次業務計画の改善
	2. 通信教育の受講
	3. 商品知識の修得
所属部門における障害	1. 新人教育が多く仕事が進まない
	2. 技術知識を学ぶ機会が少ない
上司や会社が行っていることで助けになっていること	1. オフサイトミーティング
	2. 喫煙ルームの確保
障害になっていること	1. 夜8時前には事務所を出にくい
	2. 月例会議のための資料作成
目標達成のために今後1年間で自分が行うべきこと	1. 月次業務計画の徹底
	2. 週間業務計画の質的な向上
	3. コミュニケーション力の強化

方向と目標を合致させる。

（『現代の経営』『マネジメント』を基に作成）

Q 31

能力開発とスキルの見える化とは

■患者満足度を高める診療所の勉強会

クリスタルファミリークリニック（愛知県東海市）では、2003年の開業以来、月に1～2回の「院内勉強会」を行なっています（日経ヘルスケア、2012・1）。看護師2人、看護助手1人、事務スタッフ3人も含めて、3時間の昼休みの1時間を使い、製薬会社のMR*にも協力してもらい「高血圧と減塩」「骨粗鬆症とビタミン」や、内視鏡メーカーの協力を得て「内視鏡の仕組みと取扱い方法」などを行なっていることが、患者満足度を高めることにつながっているとのことです。

■必要なスキルを身につける環境をつくる／ドラッカーの言葉

明日成果を上げるためのスキルを、今日のうちに身につけておくべきである。彼らは自らの経験の意味を考え、何よりも自らを知り、自らの強みを生かすことを学ぶ必要がある（『マネジメント』）。

ドラッカーが強調するのは、自主性です。自らの成長目標を自ら定め、その実現のために努力することです。**ドラッカーが13歳のとき、宗教の先生からされた「何をもって覚えられたいか」という質問を、座右の銘にしていました。**

■能力レベルの見える化にＩＴを活用する

会員制スポーツジムをチェーン展開するティップネス（東京都）では、ＩＴを活用した社員や派遣、パート、アルバイトのスタッフ約２２００人の能力向上で成果を上げています。まず、ジムやスイミング、物品販売、間接業務など運営に必要な仕事に合わせて、必要な知識とスキルのレベルを体系的に整理しました。次に、各レベルに合わせた教材をｅラーニングと研修で提供し、その結果を一元管理しています。これによって、各施設のスタッフのスキルなど能力レベルがわかるスキルズマップを参照し、研修や教材の改善、現場指導に活用しているとのことです。**ｅラーニングであれば、スマートフォンを使い施設の外にいても自己学習することができるのです。**

＊ ＭＲ
製薬会社に所属し、病院などに出向き医師などに対して、医薬品の品質、有効性、安全な使用方法などについての情報提供を行なう担当者のこと。他の業界の営業のような役割もある。Medical Representativeの略。

自主的に学びあう環境づくりにITを活用する

日常会話や会議で使用される業務用語も学習の対象です。日本パレットレンタル（東京都）では、社内の業務用語を再定義して、全社員で共有する仕組みにオープンソフトを活用しています。業務で得たノウハウも登録することで、互いに業務について学びあうことができるようになったとのことです。

マネジメント教育の目的は、人の能力と強みを最大限に発揮させ、個人に達成感を持たせることにある。目的は卓越性（エクセレンス）にある。

業務スキルを学習することもマネジメント教育です。卓越性とは、会社を超え、業界を超え、国を超える世界レベルのことです。目的や目標は、意志と努力の方向性を示すものです。また、能力やスキルを伸ばすことはもちろんですが、**人として成長することができなければならないと、ドラッカーは云っています。**

誰が貢献しているのかを知るスキルズマップ

各自の能力やスキルを見える化する方法の一つとして、スキルズマップがあります。

どこにいても学習しよう

これは、製品をつくるために必要な知識やスキルを誰が所有しているのかを見える化するものです。

スキルズマップには、次に挙げる経営上の効果があります。

1 誰がどのような能力・スキルを所有しているかがすぐに分かる。
2 製品・サービスについて、必要な技術、スキルが分かる。
3 新製品・新サービスの開発に必要な技術、スキルを検討できる。
4 新製品・新サービスの開発に必要な人材の人数と質が分かる。
5 競合製品を、技術、スキルで分析することが出来る。

人的資源を生かすためには、具体的な自社の製品やサービスの開発に貢献している技術やスキル、人材を知ること、それらの育成目標を考えることがマネジメントに求められているのです。

スキルズマップの概要

R&D(研究開発部門)のスキルズマップの例

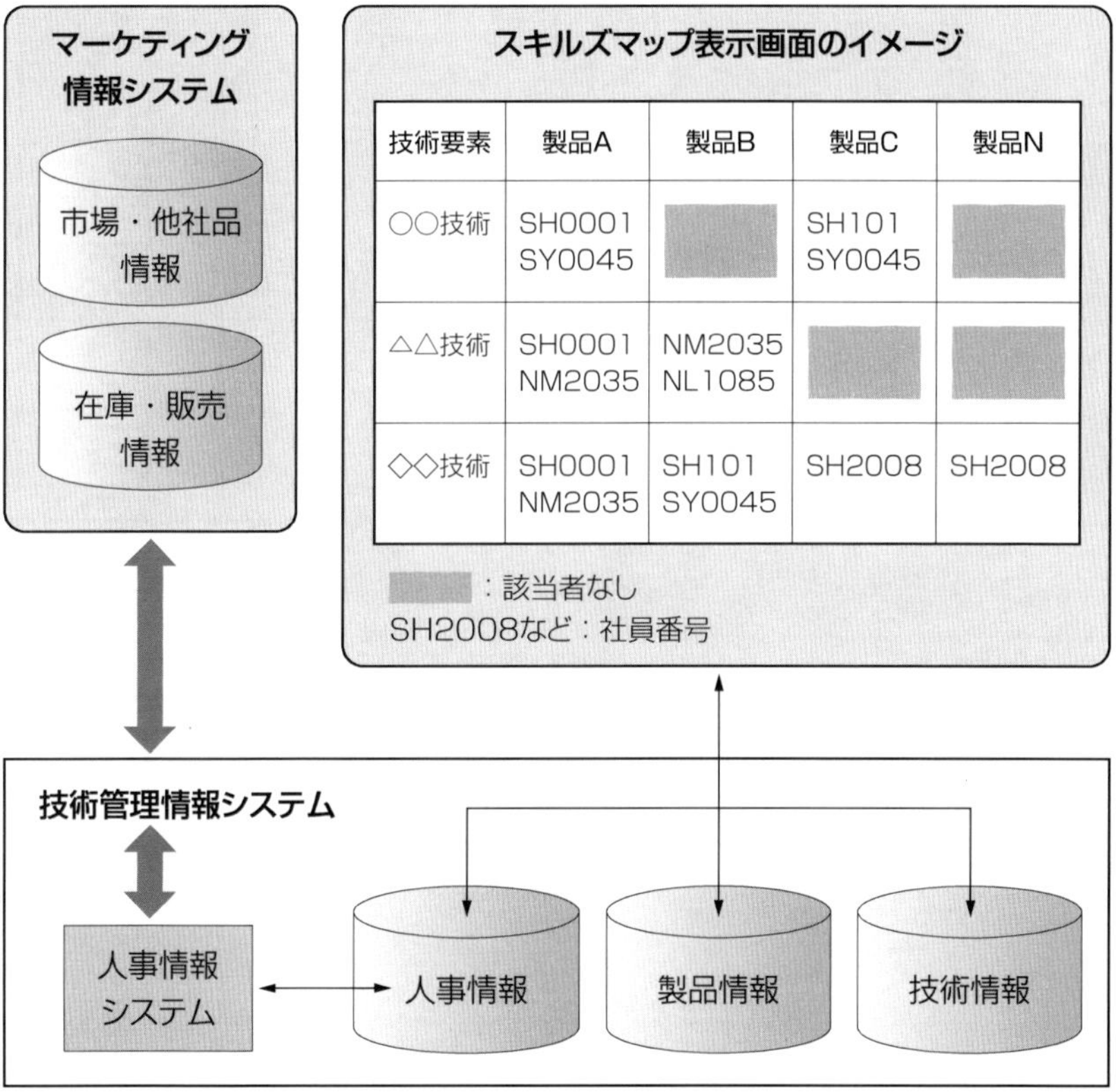

技術要素	製品A	製品B	製品C	製品N
○○技術	SH0001 SY0045		SH101 SY0045	
△△技術	SH0001 NM2035	NM2035 NL1085		
◇◇技術	SH0001 NM2035	SH101 SY0045	SH2008	SH2008

Q32 人的資源の目標設定は

■ディズニーを支えている人材

高いリピート率とお客様満足度を誇るディズニーランドの経営は、キャスト（正社員と90％のアルバイト）が運営しています。組織のミッションは「すべてのゲストにハピネスを提供する」ことで、キャスト一人ひとりに徹底しているのです。

これを日常の仕事で実行できるように長年にわたって改善されてきた研修制度があります。また特徴的なのは、行動指針が明確であることです。この行動指針は、「安全性」「礼儀正さ」「ショー」「効率」の４つです。どのような状況においても、この行動指針の順番で、各自が意思決定し行動することができるように、職場ごとにトレーニングを受けるのです。たとえ、プロジェクトだとしても、この行動指針は一貫しているのです。

■人の成長を運や偶然に任せてはいけない／ドラッカーの言葉

マネジメントの人間は、作られるものであって、生まれつきのものではない。したがって、われわれは明日のマネジメントの確保、育成、スキルに仕組みを作り取りくまなければならない。運や偶然に任せてはならない（『マネジメント』）。

ディズニーが、3・11の東日本大震災のとき、キャストが適切な行動をとることが出来たのは、日頃から人材育成について真剣に取組んでいたからに他なりません。当日の約7万人の來園者を安全に屋内に避難誘導し、普段は絶対に顧客に見せないバックヤードを通したり、販売用のお菓子を配ったりして、危機管理に対応したといいます。

■人的資源の目標設定

自社の目的とミッションを実現するためには、会社や組織の経営チームは、人的資源の目標を立てる必要があります。ドラッカーは以下を挙げています。

1 有能なマネジメントの確保と育成：社内資格取得者数、研修受講実績など。

2 労働組合との関係について：労働組合満足度、労働争議の数など。
3 全従業員のスキルと姿勢：整備されたスキル体系の割合、スキル別人数など。
4 一人あたりの生産量：一人当たり顧客数、一人当たり出来高など。
5 単位人件費あたりの生産量：人件費対売上高比率、人件費対生産高比率など。

高学歴者であろうと中途採用の経験者であっても、**一定の教育とトレーニング抜きには、有能なマネジメント人材に育つことは無い**のです。

■日々目標を意識させるIT活用

チムニーの店舗では、経営改革の最中ですが、その店舗では、ITを上手く活用して、アルバイトに的確な行動の方向づけをしているといいます。店長は、経営目標と連動して店舗PCに表示された、時間帯ごとの情報を確認します。本日の集客目標と売り上げ目標の達成のために、店外での呼び込みやお客様に「あと一品」を勧める行動を指示するわけです。**目標達成のために行動する店長の姿が、アルバイト店員の意識と仕事を徐々に変え、彼ら自身で育っていく**のです。

人的管理と目標管理は並行で

Q 33

起業家精神をどう育成するか

社内起業家を育成する

若手や中堅社員を起業家予備軍としての教育に力を入れているのが、日本駐車場開発（大阪市）です。特徴は社内起業制度です。

経営トップから「100人の社長を輩出する」と目標が発表されました。経営企画室が始めた「社内ビジネススクール」にて、経営幹部（公認会計士）が、会社法やM&A（合併・買収）などを2週間に1回、4ヶ月間で学ぶというものです。社内起業家を目指す社員（入社3年目程度以上）は、経営企画室や人事部に事業計画書を提出して、認められれば社内起業できるというものです（日経産業新聞、2012・4・3）。

■起業家精神を当たり前とする特別の仕組み／ドラッカーの言葉

起業家精神を根付かせるためには、イノベーションの機会に注目させるための特別の方法が必要である（『イノベーションと精神』）。

特別の仕組みといえば、日本駐車場開発の「社内ビジネススクール」制度もそうですが、ドラッカーは、次のような方法も提案しています。

1 「問題」と「業績が期待や計画を超えた分野」を定期的に報告させる。
2 「問題に集中する会議」と「機会に集中する会議」を別に開催する。
3 半年に一度、事業部担当、市場担当、製品ライン担当のマネジメントを40～50人集めて経営戦略会議を2日間かけて行う。
4 経営トップ自ら、開発研究、エンジニアリング、製造、マーケティング、会計などの部門の若手と定期的にミーティングを行なう。
5 新しい仕事の仕方や事業を提案した者には、その提案について具体化の責任を持たせる。経営チームの一員が直接管理する。

経営環境の変化に対応するためには、一人ひとりが社長の気持ち（起業家精神）で考えさせる仕組みが必要です。ドラッカーも言うように、**成果は打率です。バッターボックスに立ち、球を打ち返す（提案書を提出する）から打率がついてくる**のです。

■マネジメント教育にＩＴを活用し成果をあげる

プロジェクト・マネジメントの教育にＩＴを上手く使っている例としては、中央大学経営システム工学科価値工学研究室にその事例があります。「立上げ、計画、実行、監視コントロール、集結」フェーズのプロジェクトの流れに沿って講義と演習を進めますが、教室での授業とグループ演習だけでなく、各自がスマートフォンから意見を投稿できる仕組みを開発し活用しています。一方的な受講や教室内だけに限定されずに学生が参加できる環境をつくることで、学生がグループの成果に責任を持つ自覚が生まれたといいます。この教育スタイルに変えてからは**フェーズごとに自主的に課題と目標を設定し、研究に協調して取組む姿勢が一人ひとりに見られる**ようになり、これまでにない学習効果が現れたというのです。

経営者が直に話しかけることが大切

Q 34

会議の価値を上げるには

■こんな会議はいらない

会議が嫌われる理由を挙げてみます。

□目的がわからない。
□発言するのは特定の人だけ。
□まとまらない、時間通りに終わらない。
□会議資料の準備に時間がかかる。
□決まったと思ったことが実行されない。
□議事録が遅い。
□必要なメンバーが欠席または途中退席する。

このうち一つでも該当したら、その会議のやり方を見直す必要があります。

■会議の成果は貢献である／ドラッカーの言葉

会議の成果を出すには、会議の初めに、会議の目的と果たすべき貢献を明らかにしなければならない（『経営者の条件』）。

会議の準備から仕事は始まっています。会議目的と進め方の明確化、開催日・開催場所の調整と確保、出席者の選定と開催案内、会議資料の作成指示と準備、会議で使用する備品の手配などです。大事なことは、その会議の成果を決めておくことです。

■ペーパレスは会議の基本

ＩＴ（タブレットと書類表示ソフトなど）を活用して、ペーパレスの会議を実現した凸版印刷（東京都）では、会議資料の準備にかかる紙代や人件費を８割を削減できたといいます（日本経済新聞、2012・4・27）。出席予定者は、社内の電子会議システムにアクセスして会議資料（動画も可）を事前に閲覧可能にしたところ、幹部の９割が前日に目を通しており、会議時間も10％削減したというのです。また社内の紙、コピー、保管場所代、準備の人件費など、８割を削減できた経営成果は大きいといえます。

ペーパレスの意外な成果

バンダイ（東京都）では、キャラクター情報を掲載した会議資料（機密資料）を会議終了後にその都度、回収や廃棄することが、版権元との情報開示規約で義務付けられていました。そこで、ＩＴ（凸版印刷と同様のもの）を活用してペーパレスにしたところ、閲覧の制限や機密資料の削除が確実に行なうことが出来るようになったというのです。ペーパレス会議には、ビジネスパートナーと交わした契約を確実に実行できるという効果もあるのです。

ペーパレス会議の導入メリットは、事前準備にかかる時間、人件費、紙代の削減や機密文書の管理などに経営上の成果がみられます。利用者からは、会議中のメモ書きが出来ないなどの不満もありますが、**重要なことは議事録に記載することで、それぞれが行なう各自のメモ書きの手間は、これまでと変わらない**とみることもできます。

会議後のマネジメントが重要／ドラッカーの言葉

会議の終わりには、初めの説明に戻り、最終結論を会議開催の意図と関連づける（『経営者の条件』）。

会議ではメモより発言が大切

人的資源をムダにしないためには、会議を主催する者のマネジメントが重要です。ＩＴを使ってもテレビ会議を使っても、会議はその出席者の明日の活動にとって価値あるアウトプットを生み出す場にならなければ、その会議の成果は無かったことになります。議事録は、その場で完成させること、決まった事項を皆で監視する仕組みもＩＴで合わせて提供することが求められるのです。

単に報告や連絡を主体とする会議は、電子会議で済ませることが可能です。目的が曖昧でムダな会議をなくす方法として**「お客様からのクレーム解決のために、この会議は何を決定できるか、その決定を実行できるか」と問う**のです。答えがハッキリしなければ、その会議はお客様づくりに貢献しない会議ということになります。

結論を出すから会議の意味がある。

Q35

情報責任と情報リテラシーとは

■社内資格制度

小売業では、上手な商品発注ができるかどうかが、経営成果に直結します。ファミリーマートでは、店員教育の中に「初級」「中級」「上級」を認定する社内資格制度を設けています。効果的な商品発注力が認められる「中級」以上の認定者の増強に力を入れています（日経MJ、2012・4・27）。

店員はタブレットを使い、在庫や売上げの実績情報を見ながら、商品を発注するのですが、弁当、おにぎり、調味料、食品、飲料、生活雑貨など、また新製品をいつ、いくつ発注するかの意志決定によって、売上げは違います。「中級」店員が1人の店舗と7人以上の店舗では、売上高伸び率に1ポイントの差が出たというのです。

■情報リテラシー／ドラッカーの言葉

ABCと掛け算程度の最低限のコンピュータ・リテラシーから、コンピュータを使ってものごとを成し遂げるという情報リテラシーの域に達しなければならない（『ネクストソサエティ』）。

ITを使うのは、当たり前であって、それを使いどのように仕事をして、どのような成果を挙げることが出来たのかが意味を持つのです。そういう意味で、ファミリーマートの商品発注の能力を重視した、社内資格制度とそれを支える店員教育システムは、的を射たものと言えます。

■求められる情報リテラシー

CIO（最高情報責任者）とその候補者の人材育成を10年以上行なってきた著者は、具体的な情報リテラシーを以下のように考えています。

1 コンピュータ・リテラシー：スマートフォン、タブレット、PCを中心として、個人と会社で必要なソフトウェア（電子メール、文書作成、表計算、プレゼンなど）と仕事で使用する業務システムを使える能力のこと。

2 データ・リテラシー：必要な情報を得るためのデータについて、項目名や桁数、画像の有無、データの収集方法、分析方法、アウトプットの形（画面表示、印刷、グラフ、図形など）、その情報を得て成すべき仕事を明確にする。

3 ビジネス・リテラシー：IT活用から得られる情報とそれを使っての業務改善力、新たなビジネスの企画力、また情報セキュリティを守る能力のこと。

人事・教育部門に求められること

これまでの人事管理では、従業員の給与算定に直接必要な、学歴、資格、家族構成、居住場所、業績評価などの情報を管理することが主でした。これからは、一人ひとりの個性や強みを伸ばすために支援スタッフあるいは、教育担当という役割に変わるべきだというのがドラッカーの考えです。

情報責任／ドラッカーの言葉

今日のCEO（最高経営責任者）は、情報責任を身につけなければならない。

情報責任とは、「どのような情報が必要か。どのような形で必要か」……「いつ必要か。誰から

情報リテラシーの概要

パソコン
スマホ
サーバー
携帯電話

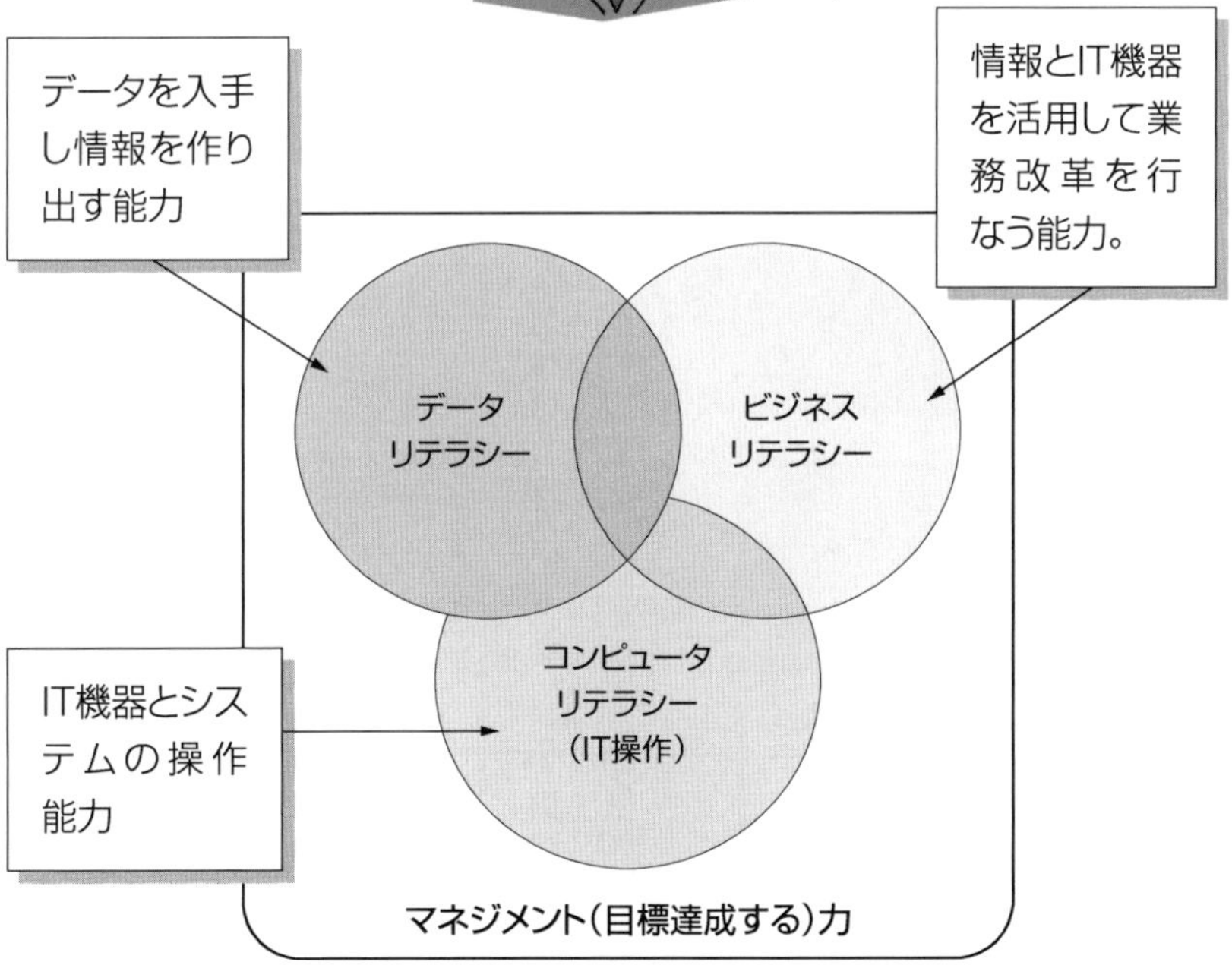
データを入手し情報を作り出す能力
情報とIT機器を活用して業務改革を行なう能力。
データ
リテラシー
ビジネス
リテラシー
コンピュータ
リテラシー
(IT操作)
IT機器とシステムの操作能力
マネジメント(目標達成する)力

得るか。そして自分はどのような情報を出さなければならないか」を考えることです。そうして初めて、情報の専門家がこういう形で得ることができると答えてくれるのだとドラッカーは云うのです。

まさに、経営者も情報リテラシーを高める必要があることを云っているのです。一般的に経営者は、「経営のことを考えていればいいんだ」と、ＩＴのことは社内や社外のＩＴ専門家に任せきりにしてしまう傾向があります。ドラッカーはそれではダメだというのです。例えば、「どのような情報が必要か。どのような形で必要か」は、自分の仕事で必要な情報を明確にすることであり、データ・リテラシーです。もちろん、正社員だけでなくパート、アルバイトの人にも情報責任はあるのです。

誰でも情報管理に責任を持っている。

Q 36

グローバル人材を育成するには

■サムスン電機を支えるグローバル人事管理

筆者がグローバル人事を考える時に参考にするのはサムスン電子です。最近もいい本から学びました。

総合電機世界最大手のサムスン電子も、グローバル人材の育成をしています。その代表的な制度が、地域専門家制度です。パラグアイで飲みに行くのにいい場所など、現地国家での事件、人脈、外国政府の部署の昇進システムのような情報まで、サムスンの駐在員がライバル会社よりも良く知っているのは、この制度の効果だといいます。サムスンMBA制度による人文科学と技術分野の専門家養成カリキュラムやサイバーアカデミーによる英語教育なども貢献しています。何よりも同社が、世界一八万名の従業員が、情報を共有するシステムを使いこなすという、情報共有体制を構築していることが理由なのです（『ビル・ゲイツを3人探せ　サムスン流人材育成法』金　榮安著、青木謙介訳、日経BP社）。

■グローバル企業の姿／ドラッカーの言葉

グローバル経済のもとでは、企業は多国籍企業からグローバル企業へと変身せざるを得ない。

世界が一つのショッピングセンターになった現代、世界的な市場を視野において経営するには、人材育成を一から見直す必要があります。働く人のグローバル化なくして、グローバル企業への変身はないと言えます。

■世界の一人ひとりの強みを活かす

世界各地の人材約5500人のスキルの管理にITを使っているのが、ガラス最大手の旭硝子です。技術系人材は、ガラスの溶解や加工など26分野ごとに最も得意としているスキルを聞き取って登録して、従業員にも公開しています。誰がどの技術を保有しているかがわかるスキルマップで、すぐに知ることができるため、経営陣は経営戦略を実現する新製品開発や10年後に必要になる技術系人材の検討などに威力を発揮しているといいます（日経産業新聞、2012・3・1）。

■一人を大事にする人事管理に変えなさい

ドラッカーは、『ネクスト・ソサエティ』(2002年)の中で、IT革命やグローバル経営を分析し、未来組織に備えておくべきこととして、人的資源のマネジメントは、以下の点で変わるべきだといっています。

1 社員だけでなく、派遣社員やアウトソーシングなどの雇用関係の無い人についても、会社のために働く者一人ひとりについての人事政策が必要である。

2 定年に達した人、契約ベースで仕事を行う人、非正規社員の人をも惹きつけ、保持し、活躍してもらう必要がある。

グローバル経営を支える働く人の管理は、国を超え、雇用契約を超えて試行錯誤の段階でもあるといえるのです。

世界の異なる文化を意識して働こう

KEY WORD

●スキルズマップ

人事管理のスキルズインベントリー（従業員の技術・技能の棚卸し）と研究・製品開発に必要な技術情報を組み合わせて、製品戦略や技術戦略に必要な情報をマトリクス（マス目状）に表す方法。「誰がどの製品の技術を持っているか」「明日の製品開発に必要な技術を持っているのは誰か」「ライバル会社の製品を超えるには、どのような技術が必要であり、わが社の誰がそれを持っているのか。どのような技術が足りないのか」などを検討する場合に活用します。

●eラーニング

インターネットを活用した学習支援システムのこと。予め用意したテキストや映像の教材を学習科目として、提供者と学習者の都合に合わせて配信できる。テキストを自習するだけではなく、科目担当の講師やメンター（学習者を支援する役割）と、インターネットを介しの質疑応答、テストの出題と解答・採点ができることから、学習者一人ひとりの学習進度、テスト成績の管理ができる。PCだけでなく、スマートフォン、タブレットなどでも利用できることから会社や組織での利用が拡大しています。

●オープンソフト

ITのソフトウェアを機能させるために書かれたプログラム（ソースコード）を公開し、原作者の著作権は保護されるものの、利用者が自由に改変できる権利を認め、無償あるいは有償で配布されるソフトウェアのこと。これに似た言葉にフリーソフトウェアといって、無償で利用できるものの、ソースコードを公開しないで提供しているものもある。しかし、多くのソフトが、有償版に比べて機能制限があるものの無償で使用できるものが数多くあり活用可能です。

●プロジェクトマネジメント

特定の目的を実現するために期限が定められた二人以上で行なう仕事をプロジェクトと云う。そのような仕事を期待通りに進めるには、仕事の最終成果を決め、資源（ヒト、モノ、カネ、情報、知識、技術）を計画する。さらに、仕事の日程や中間成果などの進捗（しんちょく）を管理するためには、状況を監視したり統制する必要が出てきたりする。これらの知見を体系化したものに、ISO10006や知識体系である「PMBOK」などがあります。

［第Ⅴ章］

経営資源の生産性を上げる

Q37 ◆ 生産性の目標とは

Q38 ◆ 在宅医療・介護の生産性を上げるには

Q39 ◆ 営業の生産性を上げるには

Q40 ◆ 事業所・設備の生産性を上げるには

Q41 ◆ 人材教育と学びの生産性を上げるには

Q42 ◆ 電子カルテを活用するには

Q43 ◆ ホワイトカラーの生産性を上げるには

Q44 ◆ ものつくりの生産性を上げるには

Q37 生産性の目標とは

■社会の変化を事業機会とする／ドラッカーの言葉

働くものの生産性を測定しただけでは、生産性について適切な情報を得たことにはならない。すべての生産要素、生産性に関するデータが必要である（『明日を支配するもの』）。

生産要素とは、人、物、カネ、知識、技術などのことです。これらが、付加価値（事業収益から事業コストを引いたもの）をあげるために、経営活動の中で有効に活用されているかをみるのが、生産性の意味です。

例えば、人に関わるコストは、どれだけの時間、どのような仕事に関わり、どのような成果を出したのかを知ることが基本です。また、新しい技術や知識を活かして業務改善することも生産性を上げることにつながります。

■生産性の目標を設定する

生産性に関する目標にはどのようなものがあるのでしょうか。以下にあげます。

1 人：一人当たりの売上高、売上総利益、付加価値額、労働時間など。

2 モノ：設備投資額に対する期待利益の比率、店舗面積あたりの売上高など。

3 カネ：投資金額に対する金銭的、時間的な効果、投資利益率、業務時間短縮、コスト削減額など。

4 技術・知識：所有している特許や知財（自社特有のノウハウ、技術情報など）が有効に活用できているかなど。

ドラッカーは、ＥＶＡとベンチマーキング*は、生産性を測定したり改善したりする有効な方法だと云っています。

＊　ベンチマーキング
優れた他社の経営や仕事のやり方と自社のやり方を比較し、良い点を学ぶとともに自社に取り入れる活動のこと。

社長自ら生産性の目標を明確にする

梶フエルト工業（東京都墨田区）では、社長がＩＴの推進役と成り、外部の専門家を上手く使って受注から生産、原価管理まで一貫した基幹システムを構築しました（日経産業新聞、２０１１・11・22）。

このシステムは、受注を入力すると工場で使う加工伝票が自動で発行され、作業後には実績を入力し、在庫や原価管理を行う仕組みを追加してきたのです。

経営上の効果として大きいことは、従業員が次のような生産性を意識するようになったことです。

1. 受注単位ごとに「何分で製造するか」の製造時間の目標を立てられる
2. 作業者自身が自分の目標作業時間、目標原価などの目標を立てられる。
3. 作業者の時給に見合った仕事の選定や作業計画や目標を立てられる。

社長が一人旗を振っても、経営上の成果には結びつきにくいものです。「時給１０００円の作業者が、５００円の仕事を1時間かけて行ったら、原価オーバーになる」という意識改革が従業員に進んだことが大きいと言えるでしょう。

数字を意識したモノ作りに活路

Q 38

在宅医療・介護の生産性を上げるには

■高齢化社会を支える在宅医療・介護を国が推進する

高齢者比率で世界一位の日本では、今後、在宅での医療や介護サービスを利用する人は増加する一方です。医師、看護師、ケアマネージャー、薬剤師、介護士、病院まで不足している現状では、それぞれの専門的な仕事の生産性を上げることが急務です。厚生労働省は24時間対応の診療所の報酬を引き上げたり、介護制度でも24時間の訪問サービスを導入したりして制度拡充を図ると言います。

■自らが必要とする情報を明確にする／ドラッカーの言葉

まず、自分が必要な情報が何かを知ること。さらに、それらの情報を日常的に得ること。そしてそれらの情報を統合して意思決定に活用しなければならない（『明日を支配するもの』）。

在宅での医療や介護サービスを提供するには、それぞれの専門家が必要な情報を正確かつ的確に入手するとともに、サービス提供実績の記録と、その共有がサービスの品質確保には欠かせません。

仕事を生産的にする4つの条件

ドラッカーは、仕事の生産性をあげるための4つの条件を挙げています。

1 仕事を分析する：お客様（患者さんや高齢者も）に求められている成果は何かを明確にすれば、必要な仕事と作業が明確になってきます。必要な情報や知識を特定するとともに、役割と職務を明らかにします。

2 効率の良いプロセスを検討する：求められている成果を得るためには、どのような生産の考え方（方式、プロセス）をもつべきかを検討します。

①個別生産：一つ一つの個別の案件を一人あるいはチームで取り組む*

②固定化した大量生産：自動車や家電製品の組み立て製造ラインなど。

* チームで取り組む
チームとは、同じ職場メンバーだけでなく、他部門のメンバーもその一人である。また、個別案件でプロジェクトチームを組む外部委託先や協力会社のメンバーも一緒に取組むことを言う。

③柔軟な大量生産：製造ラインの一部にNC（数値制御コンピュータ）によって、多様な部材を組み込む製造ラインなど（BMWの製造ライン）。

④プロセス生産：石油化学製品や食品を製造する、原材料を投入し中間品や最終品もそれぞれが製品となる製造ラインなど。

3 管理手段をプロセスに組み込む：方向付け、量と質、基準と例外の管理手段を組み込んでおく。

4 ツールを活用する：生産のために必要な道具を使う。ITもその一つ。

ITは生産のためのツールですが、ただ導入したからといって、仕事の生産性が上がるとは限りません。最初に仕事の目的を確認し必要な情報を明確にしてこそ、ITをどのように使えば有効なのかという出番が、明確になるのです。

複数の専門家、事業者が連携できるIT活用

在宅での医療や介護サービスでは、複数の専門家や事業者がチームとして、一人の高齢者を診る体制をつくることが前提です。その場合、ある高齢者や患者さんの情報をどのように共有するのかが、最大の課題になります。

睦町クリニック（医療法人鴻鵠会、横浜市）の場合は、患者さん宅に連絡ノートを置きそこに診

断や処置の記録を書いておき、他の専門家と電話やＦＡＸでやり取りしていたという。それぞれの専門家が必要な情報を入手するのに手間がかかるという課題を抱えていました。朝比奈完院長が着目したのは、クラウドを活用して患者情報を共有することでした。もちろん、患者さん情報は許可されたものだけが利用できる仕組みです。このクラウドサービスを使うことで、クリニックの医師と看護師、介護士の情報共有が可能になり、仕事の生産性を上げる環境を整えたのです（日本経済新聞、２０１２・３・１）。

訪問薬剤管理指導でのＩＴ活用

在宅医療や介護においては、在宅治療の現場（訪問先）で、薬剤師が処方医師と服薬指導を行うケースも増加します。このようなニーズを事業機会ととらえ、ＩＴ活用を上手く行っているのが、総合メディカル（福岡市）です。

新規にタブレット端末を導入してシステムを拡充する前は、現場に薬歴簿を持参し手書きで実施作業メモを書いた後、調剤薬局に戻って薬歴をシステムに入力しなければなりませんでした。また、報告書や薬歴、計画書を作成するという二重作業もあり、現場と調剤薬局での作業が膨大でした。

ところが、タブレット端末を活用した新システムになってからは、現場で患者さんの薬剤服用歴を参照でき、実施作業の入力も行うことで、電子薬歴システムでの患者さんの情報を共有することができたこと、事務作業の効率化により本来業務に集中できるようになったというのです。

経営上の効果が大きい

タブレット端末を活用した新システムの効果は、以下のとおりです。

1 作業の報告書と薬歴、計画書の無駄な転記作業や重複作業を廃止できた。
2 訪問スケジュール管理ができ、薬剤師の事務作業を軽減できた。
3 処方医師への身体状況や検査値、残薬状況等の報告が効率的になった。

これらのことにより、患者さんや処方医師、薬剤師、薬局の満足が得られ、訪問医療・服薬指導事業の生産性の向上に大きく貢献しているというのです。

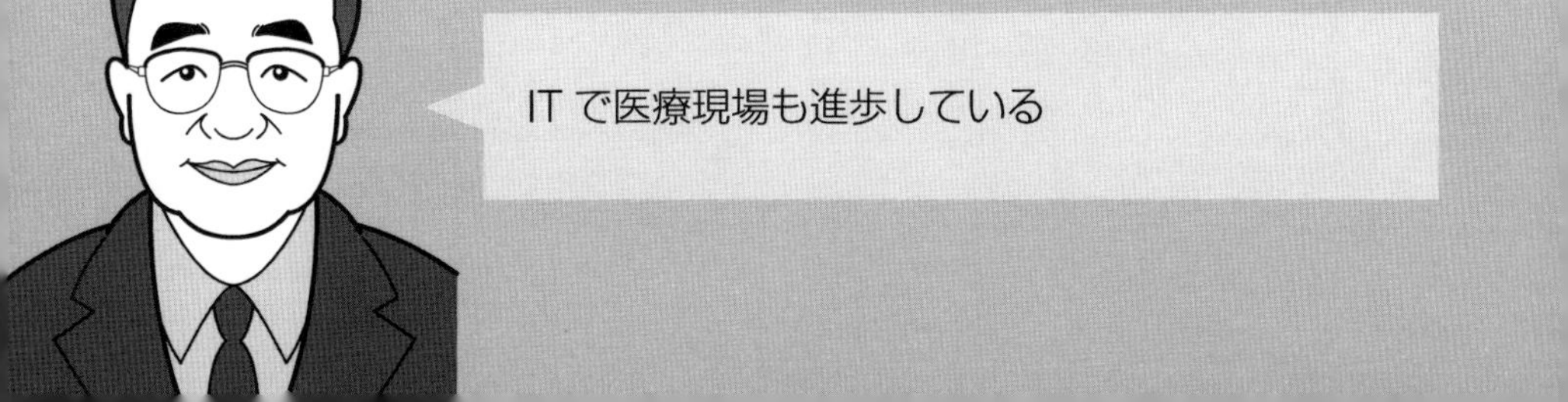
ITで医療現場も進歩している

Q 39

営業の生産性を上げるには

■動かない営業支援システム

ある中堅医療機器のメーカーから「MRの営業管理にITを導入したが、使いこなせていない。教育して欲しい」と、IT部門の責任者から依頼を受けました。事前相談の場で社長から「せっかくITを導入したのに活用できていない」という。

ところが研修中に複数の課長から「営業管理システムを使っていない人の方が、営業実績が良い。それでもシステムを使う必要があるか」というのです。

■本末転倒のIT化／ドラッカーの言葉

コンピュータの能力に魅せられて必死に用途を考える。ツールを動かすことが目的となり、その結果、誰も情報を得ない（『マネジメント』）。

研修後、社長とＩＴ責任者は、「ベンダーからシステムの提案をされたことがきっかけで導入した。それに最近、流行っているようだし」と本音を吐いたのです。

「導入するのが目的だった」ＩＴを、無理に使わせる必要はないといえます。

■顧客情報・営業情報・サポート情報活用の生産性を上げる

導入目的を明確にして、営業分野のＩＴ活用を進めている会社の一つに、住友セメントシステム開発（東京都）があります。生コン工場向けのパッケージソフトウェアの営業活動とサポート業務の連携を強化する目的で導入しました。

このシステム導入によって、顧客情報、営業記録、サポート記録がお客様の視点、営業担当の視点、サポート記録など時系列での情報共有が可能になったこと、アフターフォローのタイミングが的確になったなど、顧客満足度の向上に貢献しているといいます。

■タブレットを使って営業生産性を高める

ＪＴＢ首都圏ロイヤルロード銀座では、営業担当者がタブレットを使って接客することで、営業成果を上げているといいます。タブレットには、海外ホテル、その他資料をインストール、旅行商品、ブランド紹介などの画像を取り込み、お客様に見てもらいながら接客をする営業を推進しています。導入後は、「内容が一目でわかる」「あとで理解の不一致が少ない」「わかりやすい」「インターネット機能もついているので、その場で質問について調べることができる」など、営業担当とお客様の満足度は上々とのことです。

今日ビジネスにおけるＩＴ利用の基本的な問題は、ＩＴの技術者がマネジメント上のニーズを理解していないことではない。マネジメントが自らのニーズについて考え、その結果をＩＴ技術者に伝えていないことにある（『マネジメント』）。

ドラッカーはこう述べています。マネージャーには、お客様づくりの視点から営業を見直し、自ら望む営業の姿、必要な情報をＩＴ専門家に伝える責任があるのです。

HAWAII

百聞は一見にしかず

Q 40

事業所・設備の生産性を上げるには

■オフィスビルの有効活用

最近、金融関係の会社から相談があるということで、訪問しました。都内の一等地の博物館を思わせる外装も内装も大理石張りの重厚なつくりのビルです。そのビルの複数階を借りているが、使用率はまだまだだという。従業員の大多数は都心を取り囲むような場所にいます。都心の一等地にあるオフィスは、役員とお客様向けで営業用であるそうです。事務所に帰ってその会社の決算情報を見みると総資産利益率*は1%未満であり、お世辞にも総資産が有効に使われていない模様です。

■経営資源の活用の程度／ドラッカーの言葉

企業間に差をもたらすものは全ての階層のマネジメントの質の違いである。この重要な要因を測定する第一の尺度が、生産性すなわち経営資源の活用の程度とその産出量である。

総資産利益率（ROA）は、会社全体で運用されている自己資本や借入金、製造原価、販売費一般管理費、有形・無形資産、受取・支払利息などの営業外収益、すべての資産（経営資源）に対する経常利益の割合を言います。この指標は、投資判断の要素にもなる経営指標であり、資産の活用度や生産性を測定する一つの指標と言えます。

■フリーアドレスによる生産性の向上

事務所内で個人が自分の特定の席をもたず好きな席を選べるフリーアドレス制があります。システムズ日本法人（東京、六本木ミッドタウン内）のオフィスなど、外資系の事務所が先駆けたものの、日本企業も徐々に導入が進んでいます。

ユニチャーム（東京）もその一つです。導入効果としては、そのフロアの全従業員の数に満たない席数にして事務所経費（賃貸料、水道光熱費、固定資産税等）を抑えること、紙の資料を大きく削減することなどの省エネや節電効果だけでなく、他部署の人とも交流しやすくなり、オフィス業

＊ 総資産利益率
総資産に占める当期利益の割合を示す経営指標の一つで、会社の収益力を意味し高いほど良いとされる。ROA（Return On Assets）のこと。

務の生産性を向上できるといいます。

■ＩＴでビルや設備の生産性を上げる

震災以降、節電要求が社会的に高まる中、ＩＴを活用して事業所建屋の省電力、コスト削減を実現し、生産性を上げようと云う試みが以下の分野で増加する傾向です。

1 オフィスビル等の分野：照明設備、空調設備、水管理や衛生設備を省エネルギータイプに変更したり、すでにそのような設備が整ったビルへ移転する。人感センサーなどＩＴによって使用量を制限できる機器の導入を検討する。

2 工場建屋・設備の分野：オフィスビルと同様の施策を検討する他、生産設備を省エネタイプに変更したり、その使用電力の監視や制御を行なうシステムの導入を検討する。また電力を太陽光発電などで代替する。

3 店舗・事務所の分野：スマートコントローラー（高精度な電力量の計測機器）の活用によって、使用電力量を見える化するとともに、照明、空調、商品陳列棚の使用電力を抑える。

オフィスの効率化は仕事の能率を高める

Q 41

人材教育と学びの生産性を上げるには

■導入が進んだeラーニング

世界的な製薬メーカーのジョンソン&ジョンソン（J&J）が、就職内定者に対してeラーニングを使って入社前教育をしていたのは、10数年も前のことです。最近では日系企業でも、社員やアルバイトの入社前教育にこのような試みが浸透しています。

人材教育は、どの会社や組織でも重要な課題の一つに挙げられています。従来の人事教育を集合研修で行うイメージからは想像もつかない変化です。通勤中にスマホを使って、電子書籍、電子新聞などを読むなど、自己啓発を行う人が増加する傾向です。

■教育と学びの近道／ドラッカーの言葉

年長の生徒が年下の生徒を教えるのが最も早い方法である。……教育の最大の障害は、職を奪わ

れることを恐れる教師である（『ネクストソサエティ』）。

ドラッカーは、かつて中国が行った良いことの一つは、読み書きの出来ない人を大幅に減らしたことだと云っています。その方法は、字が読めるようになった子供を先生役にさせたことだと云います。文字通り**「生徒に先生役をさせるほどの近道はない」**というのです。これによって、教育の生産性は画期的に改善されるのです。

eラーニングの課題

ドラッカーは、『ネクスト・ソサエティ』で、eラーニングの課題として以下を挙げています。

1. 一流の教師は、教室内で生徒全員の反応を感知するレーダーを持っている。今のeラーニングにはこれがない。
2. できない生徒の面倒を個別に見なければならない。
3. 学ぶこと、学習内容の意味、講義の背景、関連情報を教える必要がある。

ドラッカーがこの事を書いた当時に比べれば、eラーニングは進歩しています。ただ、このような彼の長年の教育現場から得た知見は、eラーニングと云う新しい教育ツールの使い方や改善への提案として、真面目に受け止めたいものです。

■教育現場で進むＩＴ活用

青山学院大学の社会情報学部では、ＩＴを活用した学習支援システムを構築し、出欠管理、教材の配布、授業動画の配信などに、スマートフォンを活用しています。また東京大学では、学生からの意見を書き込める機能を加えたり、東京理科大では、学生の声も登録したりして次回の授業で活用する機能もあると云います。このようなシステムにより、授業だけでなく自宅学習の効率も上がり、授業も学習も生産性が上がるのです。

これらのＩＴを伴う教育環境を活用するには、学生からの問い合わせに答えたり相談に乗ったりする窓口や担当者が必要です。会社や組織で言うＩＴ専門家（担当者）の役を、学生たちも参加して行うことで、運用も徹底します。

このような教育現場でのＩＴ活用は、会社や組織での従業員の教育にＩＴを活用する場合に、大いに参考になると思います。

Eラーニングで効果を高める

Q 42

電子カルテを活用するには

■医療クラークが電子カルテの入力を支援する

坂の上野田村太志クリニック（岩手県北上市）では、2004年の開業時から、事務職員と看護師にクラーク業務*も行なわせています。「スタッフに電子カルテの入力を補助してもらい、患者さんの正面を向いて十分なコミュニケーションをとりたいと思った」と田村太志院長は話した（日経ヘルスケア、2010・12）。

院長が診察しながら、所見や処方、検査の内容などを口述するのを、クラーク担当が入力し、専門的な所見や病変の図示などは、自分で入力するというものです。

■医療現場の問題点／ドラッカーの言葉

病院にはカルテの保管、請求書の発行、保険事務等、管理のための仕事がたくさんある。それらの事務処理の仕事を看護師にやらせることはたいへんな間違いである。

この他にも、診療予約の管理、カルテや資料の整理などもありますが、看護師にこれをやらせれば、本来の仕事が出来なくなるのは当然です。ましてや、医師の本業を圧迫するこれらの管理業務の改善は、行なうべきことです。

電子カルテの効用

カルテを電子化することによる効果としては、以下が挙げられます。

1 カルテ管理に要する時間と場所を削減できる。
2 他医療機器の検査データと連携することで、医療の品質、生産性が高まる。
3 診療履歴の分析やアフターケアに必要な情報を迅速に得ることができる。
4 他の医療機関や薬局、介護施設などとの情報共有を行なう基盤ができる。
5 患者さんの待ち時間が減る、医師とのコミュニケーションの時間をとりやすくなるなど、患者さんの満足度を高め、医療機関としての信頼が得られる。

* クラーク業務
カルテや診断書の作成など医師の仕事を補助する事務作業のことで、これを行なう担当者を医療クラークと呼ぶ。2008年度の診療報酬改訂では「医師事務作業補助体制加算」が新設された。

医療機関でIT化を成功させるポイント

医療機関でIT化を成功させるには、主に以下のポイントがあります。

1 IT専任者（情報システムの経験者に限る）を設置し、事務職を中心にプロジェクトチームをつくる。事務責任者などがプロジェクトリーダーになる。

2 外部のIT専門家のアドバイスを受けて、IT化の基本計画を作成する。

3 外部のIT専門家、ITベンダー＊＊の選定は、数社から慎重に行なう。

4 患者さんのプライバシーなど個人情報の保護対策を合わせて進める。

5 国の医療情報化の政策に関する情報を入手しそれに沿って進める。

また、ドラッカーは、『非営利組織の経営』の中で、ある病院の事例を取りあげています。各フロアに事務員を一人ずつ配置したら、看護師たちは患者の世話がさらにできるようになり志気も高まったというのです。**IT化以外にも人事面からの改善も必要です。**

＊＊ ITベンダー
会社、組織、自治体、国などを主な顧客とし、ITに関するハードウェア（機器）やソフトウェア、クラウドサービス、システム構築、運用保守サービスなどの事業営む会社や個人のこと。コンサルティング会社、コンピュータメーカー、ソフトウェア事業者、システムインテグレーターなどがこれにあたる。

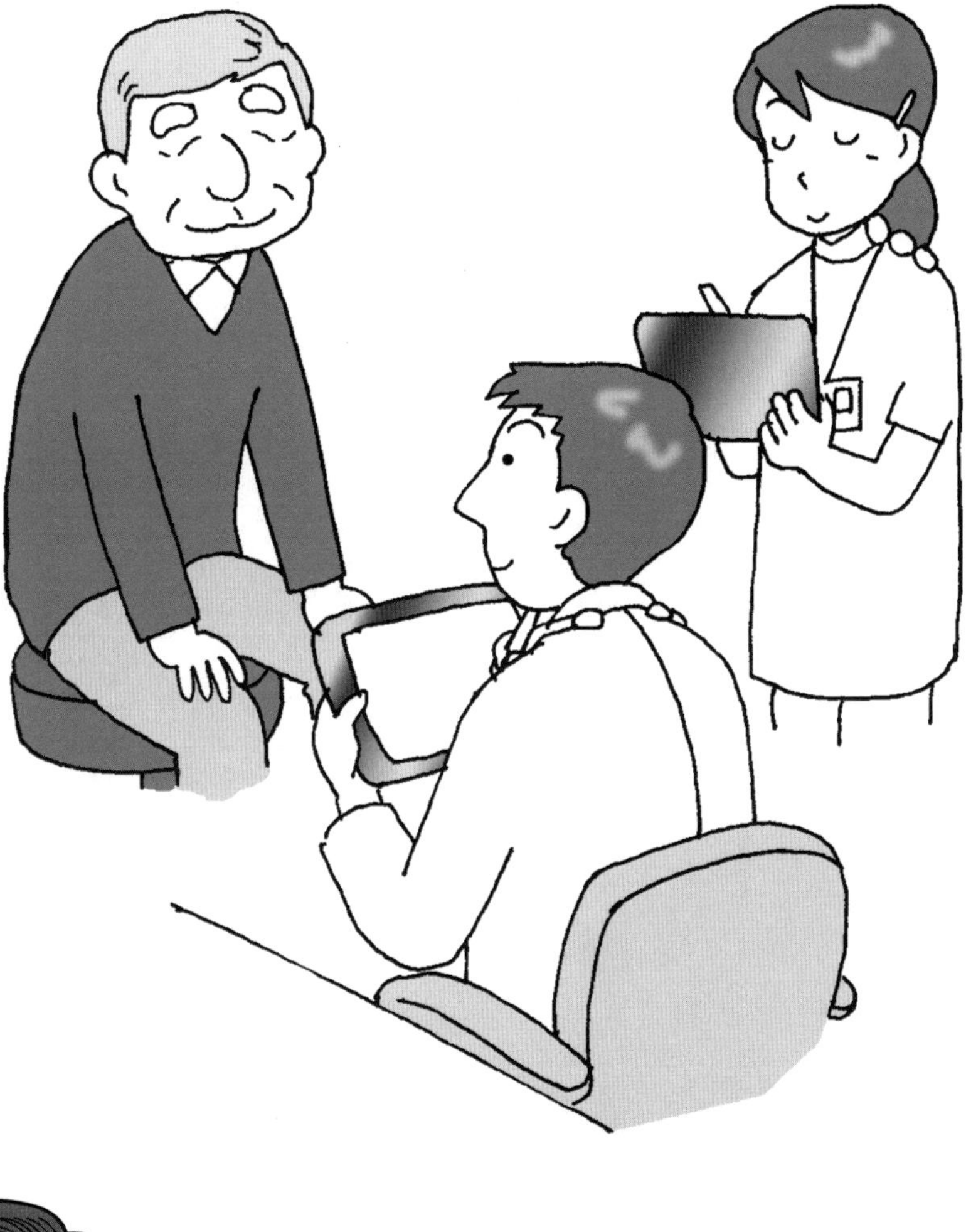

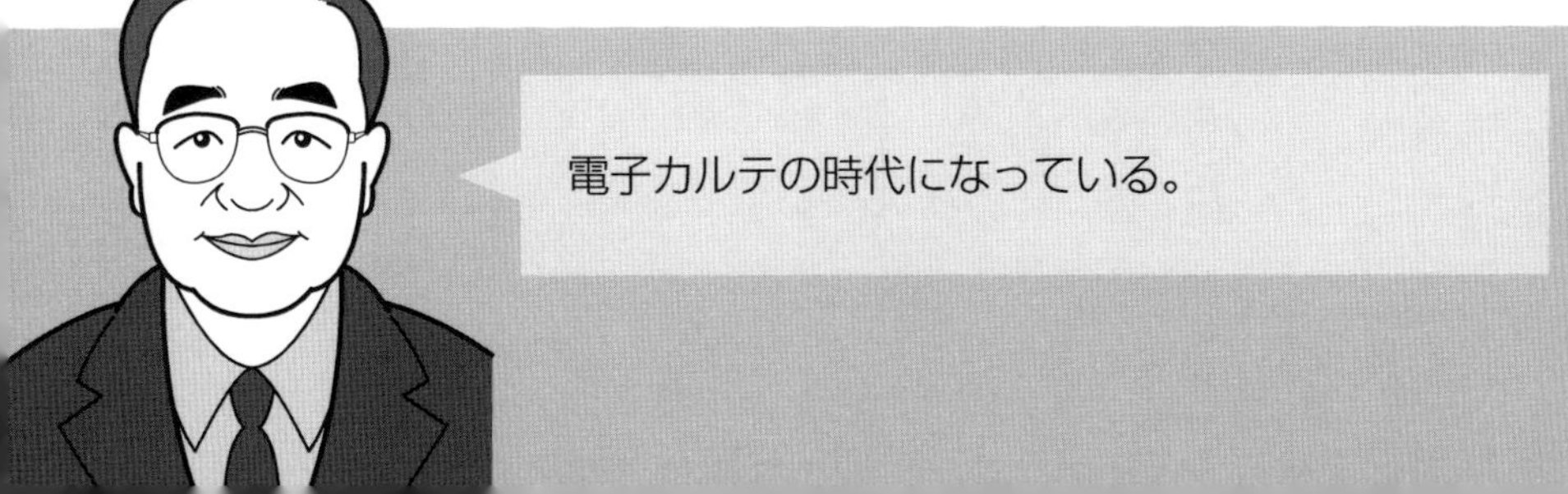
電子カルテの時代になっている。

Q 43

ホワイトカラーの生産性を上げるには

■ＩＴが従業員の生産性を上げる

ファンケル（東京都）の店頭に用意されたタブレットを使う担当者の能力が、システムを利用する前に比べて飛躍的に強化されるといいます。このシステムでは、お客様の電話に対応するコールセンター、通信販売サイト、店頭での接客情報を一元管理しているので、各担当者は最新情報を見て一人ひとりのお客様に対応するからです。例えば「前回購入の化粧水の残量と使用ペースだと少なくなっていると予想される。再提案しよう」など、販促提案のポイントが広がります。また、担当者の接客の意識が「商品ありき」から「お客様ありき」に変化したことが大きいといいます（日経ＭＪ、２０１２・１・20）。

■システムが働き手のために働く／ドラッカーの言葉

知識を基盤とする組織において、システムを生産的にするのは、知識労働者一人ひとりの生産性である。伝統的な労働では働き手がシステムに仕えた、知識労働では、システムが働き手に仕える（『ネクストソサエティ』）。

ファンケルのシステムは、お客様の課題を解決するために、店頭、コールセンターの担当者を連携させ、各担当者の仕事の生産性を高めることに貢献しているのです。

■テレビ会議システムの活用

ポリプラスチックス（東京都）は、子会社を含めてテレビ会議システムを活用することで、国内国外の出張旅費の10％を削減でき、システム投資も1年以内で回収できたといいます。これまで費用の視点から開催を見合わせていた会議が行なえるようになり意思決定のスピードが高まったこと、コミュニケーションが促進されたなどの効果も出ているとのことです。

テレビ会議を導入した多くの会社では、出張旅費の削減、意思決定のスピード向上、従業員のコミュニケーションの促進などの導入効果を認めています。

生産性をいかに測定するか

ドラッカーは、『マネジメント・フロンティア』（1986年）の中で、ホワイトカラーの生産性の測定指標を挙げていますが、少し補足を加えて説明します。

1 産出量（売上額、生産台数、顧客数、入院患者数、施設入居者数など）とホワイトカラー（従業員、販売員、医師、看護師、介護職員など）人数とその労働時間、またそれらの競争相手との比較。

2 新製品や新サービスの開発終了段階から市場導入への時間。

3 一定期間内に成功した新製品、新サービスの数とその競争相手との比較。

4 産出量と支援スタッフの数や管理階層（部長、課長など）の数との比較。

生産性の指標は、ホワイトカラー（知識労働者）の人数だけでなく、**労働時間（総労働時間、定時労働時間など）にも着目することが大切です。**

プロフィール
購入金額

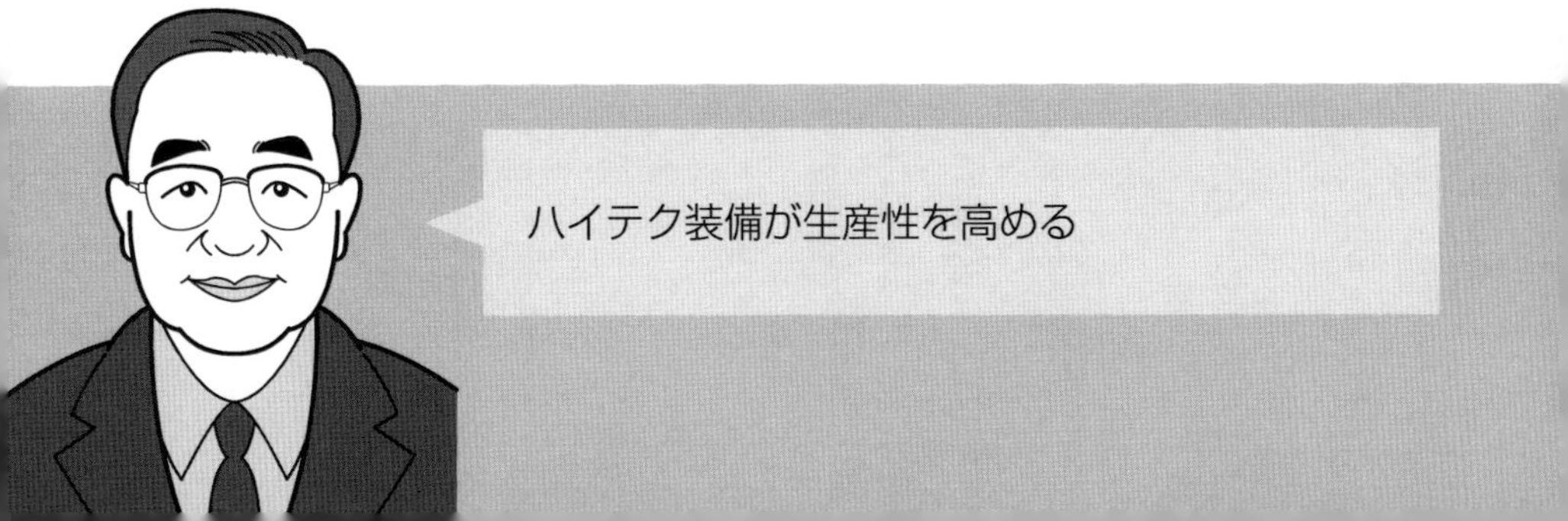
ハイテク装備が生産性を高める

Q 44

ものつくりの生産性を上げるには

■フォルクスワーゲンの生産方式から学ぶ

ドイツのフォルクスワーゲン（ＶＷ）は、90年代から車台の共通（モジュール）化を初め、現在ではどのモデルも車台は４つ、部品の7割についても年内に進めるという。エンジンのような基幹部品だけではなく、車軸やカーエアコン、シート、ドア回りなどの部品までを対象にする。これを機に、車への取り付け作業の標準化、生産ラインの簡素化、複数モデルを混ぜた生産が可能になる。この方式を世界で展開し、グループのコスト競争力を高める。目指すは開発費20％削減、車両組み立て時間30％の削減だ（日経産業新聞、２０１２・２・１）。

■規格化と多様化を同時に満たす／ドラッカーの言葉

未来の工場は、規格化と多様化を同時に実現できるだけでなく、実現させなければならない。こ

うして工場の組織構造が変わる。……そのために、未来の工場は、それ自体が情報のネットワークになる（『P・F・ドラッカー経営論』）。

VWが、世界の自動車メーカーから注目されている理由の一つが、モジュール化による生産ラインの柔軟性の確立です。開発・設計部門も交えて、部品構成の見直し、生産管理システムの改善は不可欠です。日本でも、トヨタ自動車や日産自動車も同様の取り組みを進めています。

事業全体の生産性を上げる試み

パーソナル印刷のマイプリント（東京都）では、主力とする婚礼事業全体の生産性を上げるためにITを活用しています。これまで販売管理と生産管理で情報の連携が不十分であったものを、受注から最終製品まで一貫したシステムを構築しました。

年間約40万件の印刷物を個別受注生産する工程を、発注書スキャンニング、氏名住所等入力、編集、版下自動作成、印刷、加工、完成品管理まで連携させたのです。

これによって、お客様から個別に受注したオーダーを完成品出荷まで、進捗管理でき、婚礼事業についての製造原価10％の削減を可能にするのです。

日本の伝統と顧客の多様なニーズに応える婚礼用の招待状や披露宴などで使うカードには、高級感のあるデザインや盛り上げ、箔押し、特殊加工などが要求されます。同社では、これらの強みを生かし顧客満足度をさらに高めるためにも、受注を含めた生産システム全体の生産性を改善するためにITを活用することを決めたのです。

製造をシステムとして見る／ドラッカーの言葉

製造プロセスは、製品が工場を出たときに終わるのではない。物流やアフターサービスも、製造プロセスの一部であり、工場と統合し、調整し、管理しなければならない（『P・F・ドラッカー経営論』）。

ドラッカーは、生産システムを単に製造工程として見ていません。受注から製造までの一貫性、生産システムの柔軟性、アフターフォローまでITで連携させることが大切です。さらには、人事や事業のマネジメントも含めて、生産システムとして見る必要性をドラッカーは説いています。

モジュール生産は自動車の産業革命

KEY WORD

●クラウド(サービス)

インターネットを経由してソフトウェアや高性能コンピュータを、自分の手元に置くことなく、それらの機能をサービスとして購入し利用できる。IT投資の削減、システム拡張や縮小が柔軟に出来るなどのメリットがある反面、IT運用の信頼性はクラウドベンダー(提供会社) の力量に左右される (パブリッククラウド)。自社内に同様の形態をとるものをプライベートクラウドと呼びます。ITのネットワークが、雲(クラウド)のイメージを連想させます。

●一元管理

売上げや売掛金、営業活動に要した担当者と時間数、クレーム報告、技術サービス報告、接待記録、顧客アンケート、製品別売上履歴、研究開発実績など、顧客情報が一元管理されていれば、これらの情報を組合わせて、お客様づくりにつながるマーケティングやイノベーションに関する情報分析が可能です。同じ記憶装置に記録しないまでも、顧客情報を体系的に整備することで論理的に一元管理することが可能です。この場合も迅速に情報処理が可能です。

● WEB会議/テレビ会議

高精細画質、音声も良好ですが、高コスト、専用線、専用会議室などが必要であるのがテレビ会議やビデオ会議と呼ばれる。画質や音声の品質は落ちるが、低コストであり、インターネットにつながる環境があればどこでも使える手軽さがあるのが、WEB会議システムです。このシステムは、スマートフォン、タブレット、複数の場所を同時に会議できるなど、テレワーク (在宅勤務) や海外との会議、災害時などの仕事環境でも活用できる。

●個人情報の保護対策

経済産業省が行なった「個人情報の保護に関する取り組み実態調査報告書平成23年」によると、個人情報保護の第三者認定(プライバシーマークなど)を受けているという回答26.8%、個人情報の漏洩事案が「ない」90.7%、個人情報の漏洩防止対策では、データの暗号化とパスワード設定が61.3%などであった。今後ともUSBメモリーへの保存禁止やデータ暗号化、IT部門自体の監視牽制強化、WEBサイトからの進入防止強化、操作者の個人認証機能の強化などの必要性が顕著です。

［第Ⅵ章］

社会的責任

Q45 ◆ 社会的責任の原則とは

Q46 ◆ 環境対策とは

Q47 ◆ 医療・介護の地域連携とは

Q48 ◆ 節電と発電対策に何が有効か

Q49 ◆ ITトラブルの未然防止とは

Q50 ◆ 事業継続管理（BCM）とは

Q51 ◆ 社会の課題解決を本業にするには

Q52 ◆ ISO26000の情報マネジメントとは

Q45 社会的責任の原則とは

■ガス器具の一酸化炭素中毒事故

2005年11月、東京都港区でパロマ工業（名古屋市）製湯沸かし器による一酸化炭素（CO）中毒がおき2人が死傷した事故で、業務上過失致死傷罪に問われた同社の元社長と品質管理部長に対し、11日東京地裁は有罪判決を言い渡した。主な判決理由は、「過去に不正改造による事故の多発やCO中毒による死傷事故の情報を収集しており、事故発生を予見できた。機器の点検・回収という安全対策を講じていれば、事故は防げた。漫然と放置した過失がある。」というものです。

実は、ガス湯沸かし器や温風機で同様の死傷事故を起こしたのは、松下電器産業（現パナソニック、大阪府）、リンナイ（愛知県）も同じです。現在でも事故対象機種の全数の回収には至っていないのです。

故意であろうとなかろうと／ドラッカーの言葉

意図のあるなしにかかわらず、自らのインパクトについては責任がある。これが第一の原則である（『マネジメント』）。

インパクトとは、衝撃とか影響のことです。お客様がガス機器を利用するには、メーカーやその協力会社が行なう機器の設置工事、機器操作の指導、利用を開始してから一定期間について機器を保守する必要があります。従って、この場合のインパクトとは、このような製品と、各種の付帯サービス、場合によりますが製品を利用したお客様に及ぼした結果までもが、その対象になると考えられるのです。

ＩＴで再発防止策を考える

このような事故の再発防止策ですが、一案として次のＩＴ活用が考えられます。

1 機器に装着する安全装置の品質向上と部品や代替品の在庫を切らさないこと。

不正改造、不正運転、地震、転倒、火が消えたなどの時に安全停止させる。

2 機器の施工後のテスト状況と結果の記録、安全稼働テストの映像を記録し監視すること。工事設置の協力会社にも契約で義務付けるとともに、技術指導を徹底する。これらの一連の記録、報告、監視にＩＴを活用する。

3 機器とそのお客様（購入者や利用者）のデータベースをつくること。製品の一部にでも不具合があった場合に、すぐにお客様に直接連絡する手段としてeメールも使うこと、また不具合品は１００％回収できる体制をつくる。

このようにきめ細かくＩＴを活用すれば、再発防止や未然防止に役立つはずです。

■コンプライアンス違反の典型

「世の中に恥をさらした」「コンプライアンス（法令順守）は十分なのか」。４月23日午前、都内で開かれたオリンパスの臨時株主総会には過去最多の９７５人が出席した。同社はバブル崩壊で多額の金融商品の含み損を抱えた90年代の初めから、粉飾決算を続けていたというのです。

会社法や改正金融商品取引法でも、取締役の内部統制義務が強化されたが、それでも表に出なかったのは何故か。公認会計士や監査法人の責任も問われて当然のことです。会計情報の信頼性を確保することは、これらの法規則の目的です。義務と責任をもつ当事者等が、率先してコンプライアン

マイナス情報もすぐに開示しよう

ス違反を問われる事態は遺憾なことです。

実は、ITを活用することによって、これらの不正を検知したり、経緯を記録させる手順にITを組み込むなどの仕組みを構築することによって、責任ある者等が自ら内部統制を破壊することを牽制したり、予防することは不可能とは言い切れません。

ISO26000においても「組織統治」は、最重要テーマとされています。

■プロフェッショナルの責任の倫理

事故が起こったら対処するという態度では、ほんとうの意味で社会的責任を果たしてはいないというのがドラッカーの考えです。

プロフェッショナルとしての責任の倫理を重視するのです。今でも医療系教育機関で教えている**ヒポクラテス（古代ギリシャの名医）の誓いに明示されている「知っていながら害をするな」が最も重要であると述べています**（『マネジメント』）。

役員会は社会的責任を管理する場に

Q 46

環境対策とは

■環境経営度調査から

第15回環境経営度調査（日経リサーチ）では、CO_2削減、省資源、節電対策、放射線対応などについて主要企業を分析している。製造業の部では、パナソニックが三年連続の第一位になった。また、環境経営度と時価総額（対数）との相関では、製造業では環境経営度が高い企業ほど、時価総額も高いという相関関係があると分析している（日本経済新聞、2012・1・20）。

環境対策は、CO_2を初め地球温暖化ガスの削減と資源の再利用が主な柱です。資源再利用を推進するリデュース・リユース・リサイクル推進協議会*の活動も注目されます。サッポロビール九州日田工場は、排水処理汚泥は肥料メーカーで堆肥にリサイクルしていること、工場内の廃棄物は分別回収し100％再資源化しているなどの理由で、同推推進協議会から「平成22年度推進功労者等」で表彰されました。

■環境対策を推進するIT

環境対策にITを活用するためには、以下の活動が効果的です。

1 IT自体の環境負荷の低減のために、CO_2負荷の低いIT機器に替える。
2 ITに係る運用コスト（設備、電力など）を削減する。
3 資源の調達から製造、製品の在庫、物流、廃棄物処理に係るコストを把握できる情報システムを構築する。

環境報告書には、CO_2排出量が掲載されていますが、これらを正確かつ迅速に算出できる仕組みを持っている企業は、まだ多くはありません。

われわれがなすべきことは、環境目標を実現することがみんなにとって有利になるようにすることである（『日本成功の代償』）。

＊ リデュース・リユース・リサイクル推進協議会
前身のリサイクル協議会が平成14年に改称した。リデュース＝廃棄物の発生抑制、リユース＝再使用、リサイクル＝再資源化の3Rによる循環型社会の構築に向けた啓蒙・表彰活動を行なっている。事務局を社団法人産業環境管理協会に置く。

環境負荷の低減のためには、資源の調達、加工、完成品物流、廃棄までの全体でとらえる必要があります。物流機器の管理システムも環境保護の視点で見れば、廃棄物やリサイクル品の追跡やコスト管理にも活用できる可能性を持っています。

環境問題の解決に向けて／ドラッカーの言葉

環境問題の解決には、目標と期限を明確に定め、たゆまぬ努力が大切である（『日本成功の代償』）。

その具体的な方法として、ドラッカーは次を挙げています。

1 国連が統一規則を定め、環境保護を加盟国に義務付ける。
2 国際赤十字をモデルに超国家的な機関を創設すること。
3 環境コストを負担するのは、結局のところ消費者であり、生産者である。どれだけ価格を上げるか、どれだけ増税するかである。

「**国民を教育すること、最終決定に基づいて全世界的な努力を最後まで続けることが大切**」とドラッカーは提言しています。環境問題解決のためのＩＴ活用は、今後、強化すべき重要な分野なのです。

リサイクルセンター

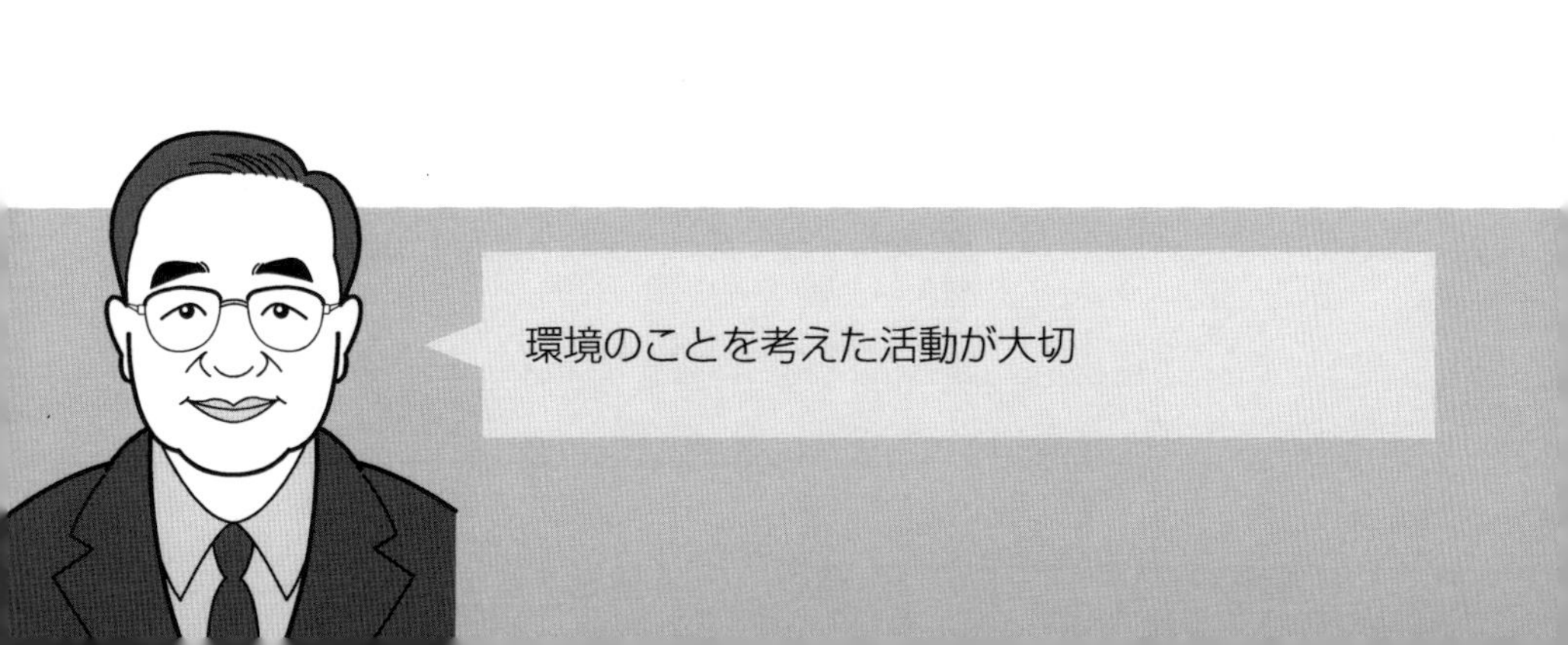
環境のことを考えた活動が大切

■ＩＴ活用による新産業（バイオ、水産養殖）が生まれる／ドラッカーの言葉

確かではないにしても高い確率で言えることは、次の20年間で多数の新しい産業が現れるということである。……バイオテクノロジーであり、水産養殖である（『ネクストソサエティ』）。

バイオも養殖も人工的に自然環境をつくるために、ＩＴを活用する点で似ています。

水産養殖を例にすると、水、温度、光、飼料などの維持、個体の生育や健康管理、廃棄物の処理などには、機械とセンサーとＩＴの組み合わせが絶対条件です。

最近では環境負荷と病気予防などの視点から、高コストであるとの課題を抱えてはいるものの、陸上養殖にも関心が集まっています。国際養殖産業界（ＪＩＦＡＳ、茨城県守谷市）は、養殖に関する国際情報を収集発信する団体であり、陸上養殖システムを核にしながら、自然エネルギーによる新しいコミュニティづくりを提案しています。

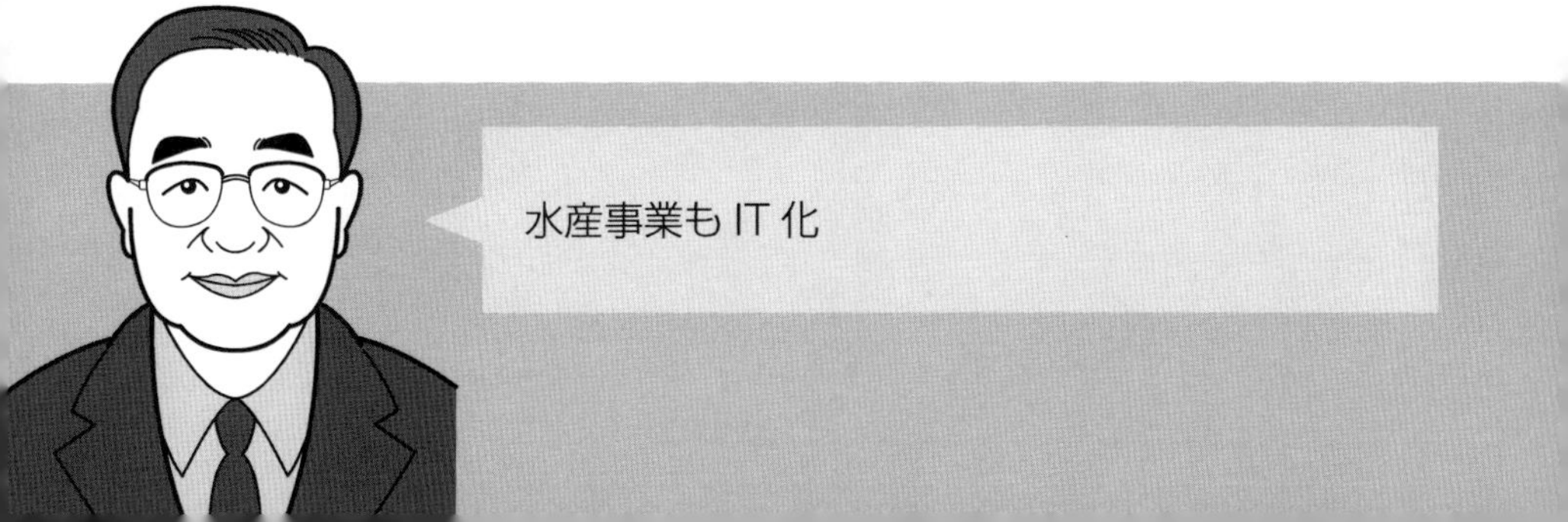
水産事業も IT 化

Q 47

医療・介護の地域連携とは

■わが国のあるべき医療の姿

「平成24年度診療報酬改定の概要」（厚生労働省保険局医療課）によると、2025年のわが国のあるべき医療制度と関係機関の方向性は次のように書かれています。

1 医療機関の機能の明確化と連携の強化
2 医療機関と在宅／介護施設との連携強化
3 医療提供が困難な地域に配慮した医療提供体制の構築

注目すべきは「連携の強化」です。へき地への医療提供体制も、充実した医療提供機関とそれを受けられない地域を結びつける「連携の強化」という課題です。

また、「社会保障・税一体改革素案」（政府・与党社会保障改革本部決定案、2012年1月6日）

では、子ども・子育て支援の強化はもとより、医療・介護サービス保障の強化が記されています。少子高齢化、少人口化が進むわが国は、国民一人一人の視点から、地域に根ざした医療と介護の総合的な改革をする時期にすでに入っており、数十年の遅れをとっているとの実感を持つものです。

地域での医療福祉情報の共有

医療・介護機関が連携するには、ITによる情報ネットワークを活用するのが近道です。みやぎ医療福祉情報ネットワークでも、その試みを始めたところです。

これは宮城県、大学病院、医師会などが2011年11月に発足させたもので、各医療機関で仕様の異なる電子カルテを共通の患者情報に変換して各地域の中核病院のサーバー（ネットワークの中心的な役割を担うコンピュータ）で管理し、薬局や介護施設もネットワークで結び症状や投薬履歴、検査結果などの情報を共有し、在宅医療や訪問介護でも活用できるようにするという計画です。被災地域の医療・介護の復旧だけでなく、我が国の将来モデルを示す一例としても期待されます。

非営利組織の情報責任／ドラッカーの言葉

最も重要なことは、階層ではなく、情報とコミュニケーションに基づいて組織を作ることである。

非営利組織では全員が情報責任を持たなければならない（『非営利組織の経営』）。

ここでいう組織とは、各医療機関や介護施設、薬局、大学も含みます。ドラッカーの云う組織には、個々の組織内で留まるのではなく、共通の目的を持った連携すべきメンバーとしての組織、機関、個人でつくるコミュニティを指しているのです。

情報にかかわる責任については、次のように挙げています。

❶自分が仕事をする上でどのような情報を、誰から、何時、どのように入手すべきかを明らかにして、関係者（上司、同僚、他部門、他の医療・介護の専門家や機関、ＩＴの専門家も含む）の協力を得ること。

❷他の人が仕事をするためには、どのような情報を、自分から、何時、どのように渡したらよいかを明らかにして、関係者の協力を得ること。

医療や介護機関で仕事をする人は、必要な情報や役割を明らかにして、ＩＴ専門家に対して要求することが強く求められます。

情報を共有したりコミュニケーションを円滑にすることは多数の医療や介護の専門家が連携して、

プライマリケアの時代が来ている

一人ひとりを診たりケアする組織をつくりあげるためには、不可欠なのです。

鍵を握るプライマリケア

日野原重明氏（聖路加国際病院理事長）は、「欧米諸国では家庭医、プライマリケア医の資格は確立しています。……日本ではまだこの分野は始まったばかり。家庭医、プライマリケア医をきちんと養成する仕組みを早く確立すべきだと思います」と述べています（日経メディカル、2012・1・10）。

プライマリケアとは、例えば米国のナースプラクティショナー（ひとつの医療専門従事者の資格）のように、一定の専門教育を受けて認定された看護職が、診断も治療もある程度行うことです。また、家庭医は、一人ひとりの「かかりつけ医師」という地域に密着した医療を提供する医師のことです。

2025年のわが国のあるべき医療・介護制度を支える重要な新しい役割として注目されています。**患者さんの診療履歴や多様な医療・介護機関との情報連携が不可欠となり、ITの活用は必須となるのです。**

ＩＴ活用で救急搬送を短縮

救急搬送では、医師や受入機関の不足だけではなく、情報不足によるたらい回しで間に合わず、救急患者が搬送中に最悪の事態になる痛ましいケースもあります。

佐賀県健康福祉本部と県内７つの消防本部、佐賀県と隣接する福岡県・長崎県の１７７の医療機関をネットワークで結び、約５６０人の救急隊員が乗る全55台の救急車に、全国で初めてタブレット（多機能情報端末）を一台ずつ配備しました（日経産業新聞、２０１２・３・９）。搬送中でも「内科」「外科」など検索条件を入力すると、受入可能な医療機関が、搬送時間や受入可能人数とともに一覧で表示されるというのです。

救急隊員は、「発生場所」「患者の症状」などを入力し、断られた場合もその理由も入力するが、３分程度で済むとのことです。

このシステムを使う前と後では、医療機関までの平均搬送時間が35・５分から33・１分に短縮でき、１回目の電話で搬送先が決まらなかった件数の比率は、７・９％から７・４％に短縮できたとのことです。

■非営利組織の運営原則／ドラッカーの言葉

情報型組織においては、あらゆる者が、上司と同僚に対し情報を与え、教育する責任を負う。そして何よりも有給スタッフやボランティア全員が自らを理解してもらう責任を負う（『非営利組織の経営』）。

情報型組織とは、お客様の情報を中心に機能する組織のことです。病院は医療専門家が患者さんの回復のために、患者さんの情報を中心に最善を尽くす組織を言います。

■IT革命と医療制度改革／ドラッカーの言葉

医療の8割要求は専門看護士へのものである。そうではないものを医師に診せればよい。今日、ITを使う場面が増大している（『ネクストソサエティ』）。

ドラッカーは、地方の小病院の相談に乗ったことを書いています。その一つは、25の病院がITのネットワークを活用して、大都市の大学病院と同じことができるようになったこと、別の病院では、各地の病院と連携して100万人の人口を抱えることができるようになったというのです。

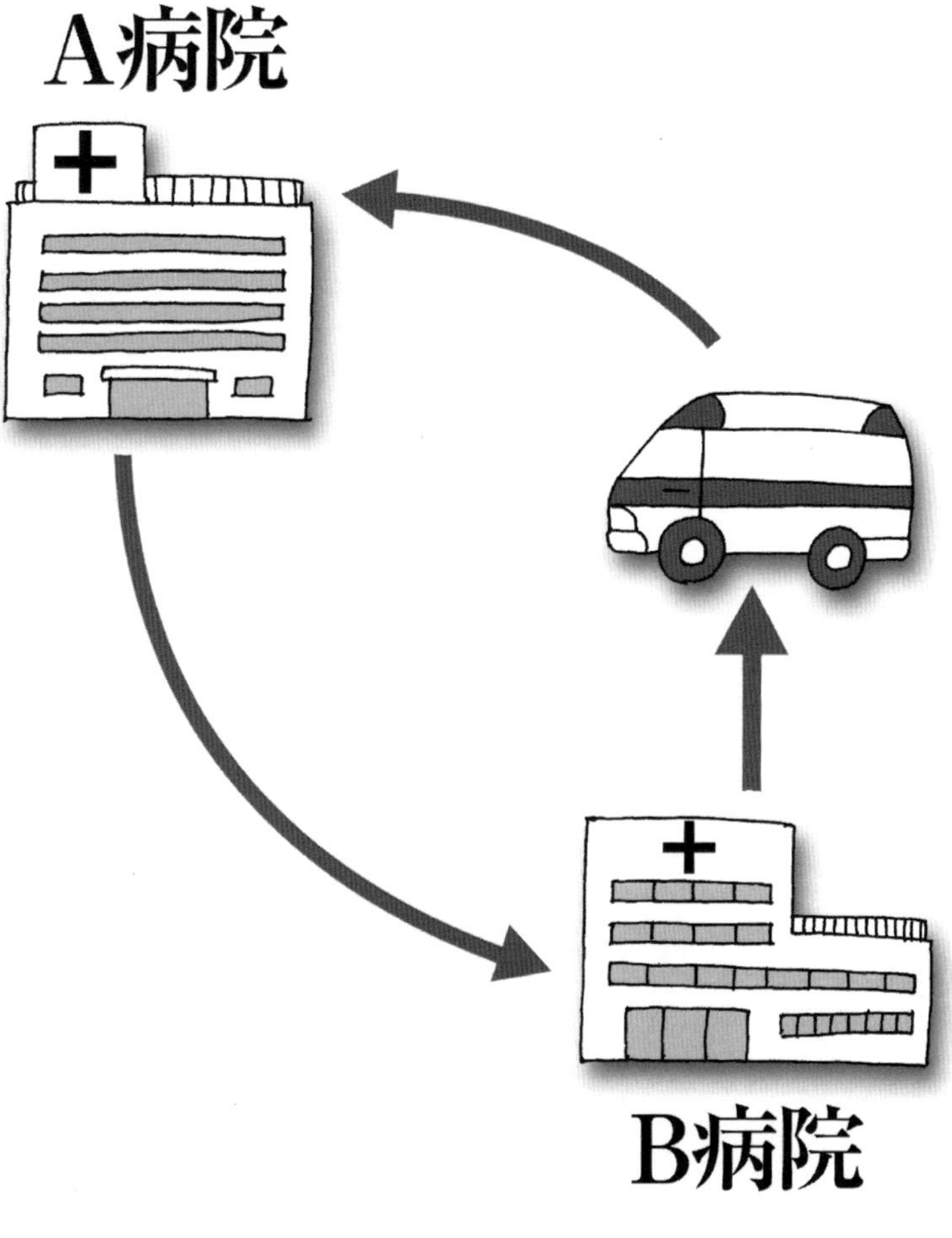
A病院
B病院

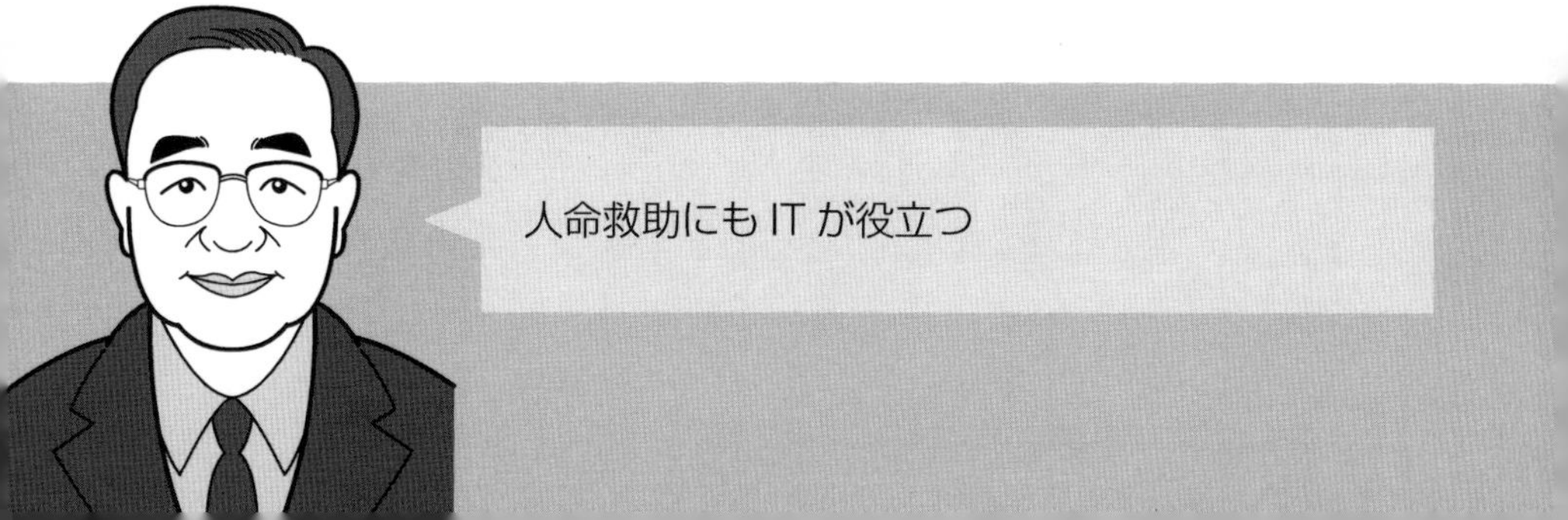
人命救助にも IT が役立つ

Q 48

節電と発電対策に何が有効か

■原発が教えること

「核燃サイクル政策を見直す時だ」、設計が古く故障続きの高速増殖炉原型炉「もんじゅ」（福井県）を廃炉にし、新しい炉の設計からやり直す。これで浮かせた予算や人材を福島第1の廃炉や放射性物質の安全な処分の研究に注ぐのが賢明だ。こんな論調がメディアで高まっています。先を行くドイツ、ミュルハイム・ケールリッヒ原発（1988年9月に運転停止）の廃炉作業は、2030年までかかるとしていますが、残余燃料を含めた最終廃棄物の処理場はまだ決まっていないようです。

■テクノロジー・アセスメントは上手くいかない／ドラッカーの言葉

テクノロジー・アセスメント（技術評価）は間違った技術を推進し、必要な技術を抑制するおそれが大きい。新技術が与える将来の影響は、ほとんど想像力の及ばないものだからである。

これは、1979年の米スリーマイル島原発事故の前に、ドラッカーが書いた一節です。専門家といえども新しい技術を評価し拙速に国の政策にする危険性を説いたのです。

節電対策

節電対策にITを活用する動きは活発です。

1 ビルの分野：経済産業省や横浜市が推す環境配慮型プロジェクトで建設するマンションでは、エネルギー消費を計画・表示するシステムを導入する（日本経済新聞、2012・2・2）。愛宕グリーンヒルズ（森ビル）では、IT（クラウド）を活用して空調設備の自動運転を行う（日経産業新聞、2012・4・23）。

2 店舗の分野：分電盤に内蔵したスマートコントローラー（高精度な電力量の計測機器）からの計測データをパソコン画面上で監視・制御するシステムです。これによって、照明、空調、冷蔵庫、商品棚の電力使用量を削減しようという試みをセブン・イレブンが始めたといいます。

ITを活用することで、遠隔操作でも消費電力を制御することが可能となるのです。

発電対策

震災以降、節電要求が社会的に高まる中、自家発電の試みも増しています。

1 工場建屋・設備の分野：ローランド ディー．ジー．では、工場屋上（浜松市）にある太陽光発電装置を増設し、工場使用電力の7割を賄う。

2 都立広尾病院（東京）は、２０１３年に大型自家発電設備を設置する。

3 外食大手のワタミは、２０１５年までに秋田県で最大12基の風車を建設する。

「**新技術を導入したら、そのインパクトを注意深く監視することが重要である**」と『マネジメント』の中でドラッカーは述べています。そして、予期せぬ影響を除去するシステムと体制を働かせておくべきだと云うのです。このような分野でも、ＩＴの活用はますます重要性を増すと考えられます。

自然エネルギーが増えていく

Q 49

ＩＴトラブルの未然防止とは

■新幹線が止まった日／人為的なミスが原因

社会基盤を担う会社のＩＴが止まると影響は大きい。２０１１年1月17日にＪＲ東日本の５つの新幹線すべてが、システムトラブルで一時運休し、約８１０００人に影響が出た。その原因は、運行担当部門がシステムの表示の仕組みを知らされていなかったために、画面が点滅したのをＩＴトラブルと誤解したからだと見られています。具体的には、画面表示するデータは６００件を最大とする仕様に成っており、それを超えると一時的に画面が消える仕組みだったのです。この日の朝、雪で福島県内の東北新幹線のポイントが故障し、ダイヤを変更する入力作業中に起こりました。

同社は、２００８年にも、社員が規定時間外にデータ入力したことによるシステムトラブルを起こしていました。

情報の流れに合わせて仕事をする／ドラッカーの言葉

マネジメントの仕事は、仕事に必要な情報と情報の流れにおける彼の位置によって最終的に定義される。常に「仕事に必要な情報は何か。どこでその情報を得るか」を自ら問う必要がある。

新幹線で起きたシステムトラブルは、「人為的なミス」だとしていますが、**各自が必要とする情報と関係者をマネジメントしなかったことが、根本的な原因なのです。**「人為的な」再発防止策としては、システムの仕組みを利用者である運行担当部署に知らせておくこと、画面点滅など「おかしい事象」があったらすぐにシステム部門と連携をとる体制をとるなど、**各自が行うべき情報と関係者のマネジメントについて、役割と責任を明文化し訓練する**ことが、新幹線の定時運行を維持する条件です。

東証が機能停止した／人為的ミスが原因

2月2日に東京証券取引所の株価情報配信システムに障害が発生し、241銘柄の午前中の取引が停止しました。その原因は、サーバーの故障とソフトの不備だが、データの読み違いや報告の遅れなど初歩的な人為的ミスが重なり、東証も「適切な対応をすれば取引停止は避けられた可能性が高い」「システムへの過信があった」と報告書に記載している。
システムの信頼性を上げるだけではなく、**関係者（外部委託先、システム担当者、CIOなど）間の情報伝達と人のマネジメントが機能しなかったことにも原因がありそうです。**

第一線のマネジメントを支援する／ドラッカーの言葉

全ては第一線のマネジメントの仕事ぶりにかかっている。上層のマネジメントの仕事は、この第一線のマネジメントの働きを助ける派生的な仕事である（『マネジメント』）。

現場に近いところに情報と権限を与えることを、ドラッカーは強調します。「上司の指示を聞いてから」ではなく、**部下が「責任をもって対処できる」ように、ある程度権限を委譲することも、このようなトラブルの再発防止策として有効なのです。**

TOKYO

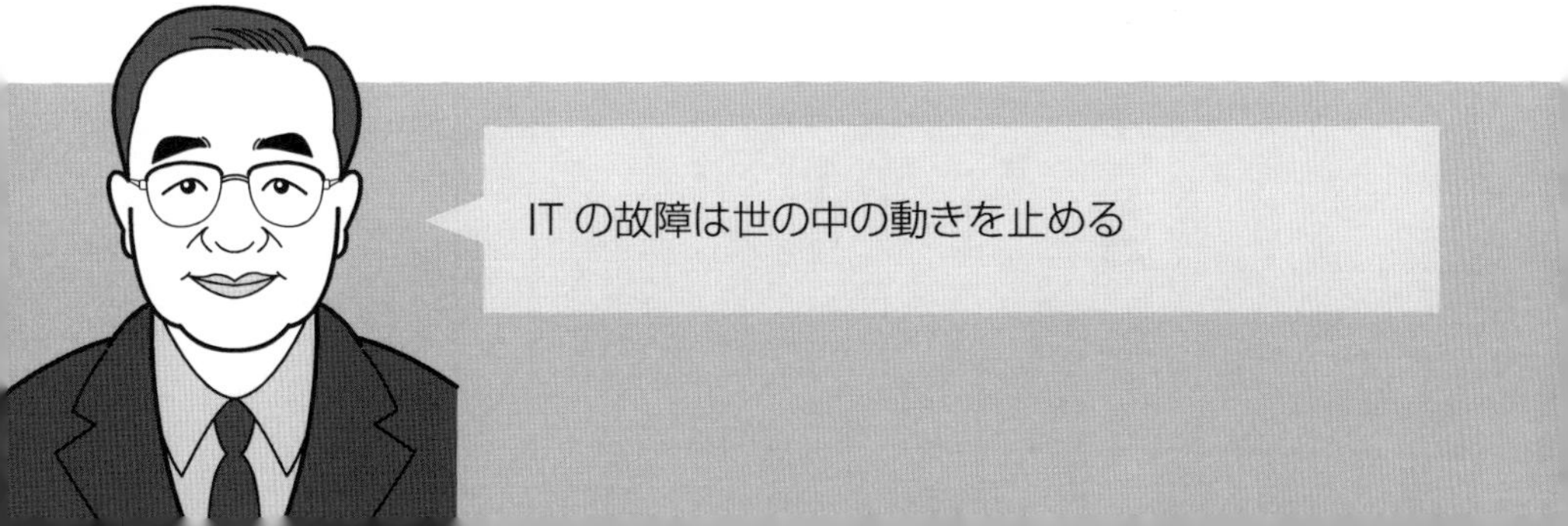
IT の故障は世の中の動きを止める

Q 50

事業継続管理（ＢＣＭ）とは

■東日本大震災の教訓

東日本大震災の直後、「非常時にトップは現場にいなくてはならない。」とアイリスオーヤマ（本社仙台市）の大山健太郎社長は、宮城県角田市にある主力拠点に戻ることを決めた。合わせて、全国に出張中の役員にも帰還を指示するも、停電や渋滞で到着できない状況が続く。３・13午前８時に到着し改めて社員の安否と工場や物流センターの被害状況を自分の目で確認したという（『ＩＴで実現する震災・省電力ＢＣＰ完全ガイド』日経ＢＰ社）。

14日（月）角田工場の朝礼では、**「うちはカイロやマスクなどを被災地に届けることこそ、地元への最大の貢献だ」と、集まった社員の６割に向けて話した**というのです。そうして、かなりの被害を受けていたにもかかわらず、ほぼ会社を復旧させることが出来たのです。

■社会的責任を果たす／ドラッカーの言葉

マネジメントの役割は、社会に対する影響の処理と社会的責任を果たすことである。

「うちは、被災地ですぐ必要とされる商品をたくさんつくっている。」と本業の社会的な意義を、社長の口から直接、従業員に語りかけたことが、従業員一人ひとりの「一時間でも早く会社を復旧するぞ」という強い動機づけになったに違いありません。

■ガリバーが震災から学んだこと

中古車買取り最大手のガリバーインターナショナルは、東北地方に店舗が多いこともあり、震災後10日間程度、営業ができない状態が続きました。この間の震災後の復旧対応を通じて、次のことを学んだといいます。

1 クラウドと携帯メール、タブレットと連携させたことで、情報伝達が、被災地域の社員の孤立を救っただけでなく、社業復旧の推進基盤になった。

2 震災前からクラウドを活用していたことで、システムの被災は最小限に抑えられた。

3 節電対策や震災時対策の場合に、在宅勤務や直行直帰でも営業活動ができるように、クラウドとタブレットを連携させたシステムの活用を検討する。

危機管理については、事業継続計画（BCP）をつくり、定期的な教育訓練を行なっておくことが大切です。危機状況の中で事業活動の情報が消失しない限り、事業で使う設備と人が整えば事業再開は可能です。ITの重要性は増すばかりです。

普段から危機対応の意識が大事

2011・3・11は、私たち日本人が忘れてはならない21世紀の記憶です。大震災、大津波、原発事故によって、これまで築いた社会基盤の問題点を、突きつけられました。何万人もの貴い人々の死と苦難を無にすることは許されません。

このような震災がいつ来ても、常に危機感をもって仕事をすることや、日頃から事業継続管理（BCM）を行なって備えをしておくことが、社会的責任なのです。

BCP
BCP
BCP

非常事態を想定しておこう

Q51

社会の課題解決を本業にするには

■運送会社の卓越性

走行中の車の監視は、運転するものにとって必ずしも心地よいものではないが、あえてそれを実行した中堅運送会社がある。寺本運送（川崎市）は、ドライブレコーダーとクラウドを組み合わせた運転監視システムを導入して、ドライバーの運転業務の品質を高めることで、事故の減少、燃費の改善、燃料費の削減、保険料の三割削減を実現できたといいます（日本経済新聞、2012・4・3）。

このシステムは危険な運転を検知すると、その瞬間のデータと画像が、クラウドセンター経由で会社事務所に瞬時に通知されるのです。

■本業で成果を上げること／ドラッカーの言葉

企業、病院、学校、大学いずれの組織も、本来の働きぶりこそが、第一の社会的責任である。

情報をどのように現実の業務に生かすべきかという、情報の体系化について、ドラッカーは以下の３つの方法を挙げています。

1 優先順位をつける：ブレーキ操作、ハンドル操作などを優先する。
2 例外を峻別する：急ブレーキ、急ハンドルなどの例外は見逃さない。
3 一定のしきい値を設定する：危険運転の程度と対処方法を定めておく。

寺本運送ではこれらの情報をドライバーに見せ、指導や注意喚起を行なっているのです。またドラッカーは、**「情報の目的は知識ではなく正しい行動をとることである」**（『明日を支配するもの』）**と云っています。**

大学在学中に、「聴覚障害者をＩＴで救う」事業を起業する

社会の課題を事業機会ととらえて、起業する社会企業家と呼ばれる若者もいます。「ＩＴで聴覚障害者が住みやすい社会をつくる」を目的に２００９年に設立したシュアール（神奈川県藤沢市）もその一つです。24時間対応で手話を遠隔で通訳するサービスから立上げ、手話キーボードや手話のネット辞書サービスも開発しました。

さらに、旅先の観光地の情報を手話で提供するスマートフォン向けアプリも手がけるなど、短期間で多くの功績を上げたことが評価されています。

社会の病を事業にする／ドラッカーの言葉

あらゆる組織のマネジメントが社会の病に関心をもつ必要がある。可能であれば、それらの問題の解決を業績と貢献の機会としなければならない（『マネジメント』）。

社会事業（ソーシャル・ビジネス）[*]は、既存の会社や組織に対して、大きな示唆を与えるものです。本業に隣接した事業機会を社会の課題の中に見つける努力を怠ってはならないのです。また、ボルヴィックが「１Ｌ ｆｏｒ 10Ｌ」でキャンペーンをしたＣＲＭ[**]活動も増加しています。

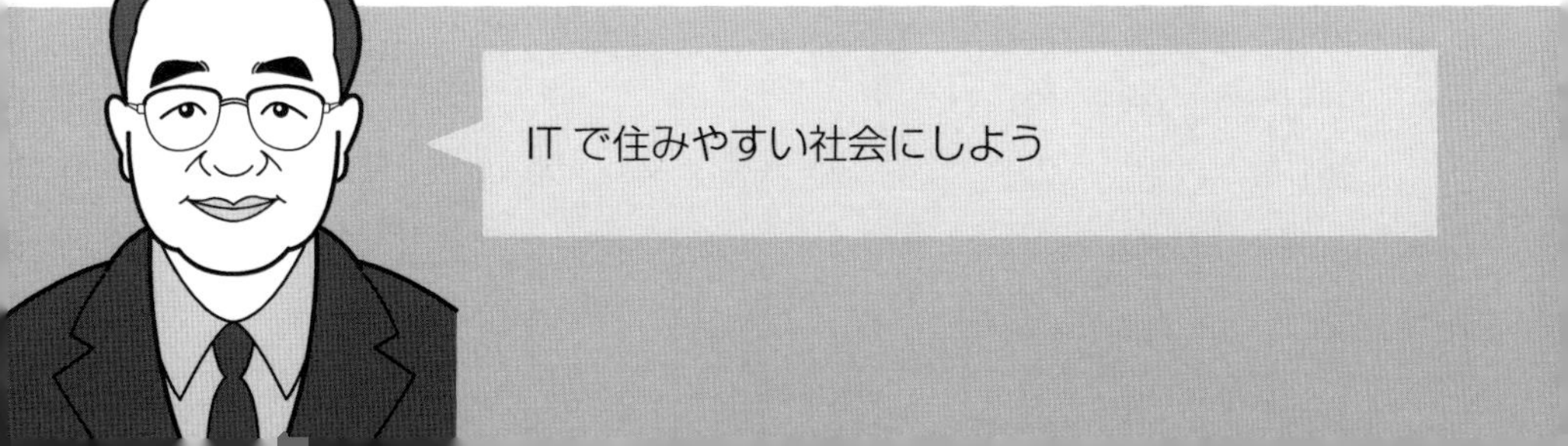
ITで住みやすい社会にしよう

■社会的責任は「おまけ」ではない

ドラッカーの説いたマネジメントの一番の特徴は、『マネジメント』の中で云っているようにマネジメントを3次元の立体としてとらえたことです。それは次のとおりです。

1 組織本来の目的の実現と成果をあげる。
2 仕事を生産的にし、一人ひとりの強みを活かす。
3 社会的な責任を果たすとともに社会貢献を行う。

つまり、不具合製品をリコール（回収）すること、不祥事を未然に防ぐことなどの社会的責任は、事業の目的とミッションを考えるときから、考えておくことが重要だとドラッカーは説くのです。ドラッカーの説く社会的責任は、気が乗らなければしなくても良い程度の「おまけ」ではないのです。

さらにドラッカーは、４番目の次元に時間を挙げています。組織本来の目的の実現や成果をあげるためには、過去、現在、未来の時間に沿って働き方を考えることの重要性を説きますが、これは、社会的責任においても同様です。今日行なう仕事の中に、将来生じる社会に対するインパクト（特に損害）を予測して、未然防止策を予め組み込んでおくことは、社会的責任の基本なのです。

社会的責任から見た存続できない組織

社会的責任よりも自社の存続を優先して考えてしまうと、社会的な不祥事を招きやすい組織体質をつくります。営利組織の経営者が「営利組織だから、儲けを優先に考えて何が悪いのか」と開き直るケースがありますが、このような経営幹部がつくる社風は、社会的責任を軽んじています。

次のような組織は、社会の機関として存続が許されるものでしょうか。そうではないでしょう。

1 目的とミッションが反社会的な組織
2 本業で成果を挙げられない組織
3 離職率が高く退職者から悪評を受けている組織
4 社会的責任よりも目先の利益を優先する組織

＊　ソーシャルビジネス
少子高齢化、人口減少、環境問題、教育問題、障がい者雇用問題などの社会課題の解決を目的にした事業のこと。新たにこのような事業を起こす人をソーシャル・アントレプレナー（社会企業家）と呼ぶ。

＊＊　CRM（コーズ・リレーテッド・マーケティング）
社会的に支持される主張や運動を広めることで自社ブランドの価値を上げ、商品やサービスの拡販につなげることを意図したマーケティング手法のこと。Cause Related Marketingの略。

Q52

ＩＳＯ２６０００の情報マネジメントとは

■組織の社会的責任ガイドライン（ＩＳＯ２６０００）

これまで会社や組織は、環境報告書、ＣＳＲ報告書、社会環境レポートなどの名称で、環境保護活動、コンプライアンス、社会貢献活動に関する情報を公開しています。

２０１０年11月に、「社会的責任の手引き書」ＩＳＯ２６０００が発行されたことを受けて、各組織ではこの手引き書に沿って報告書を作成したり、社会的責任に関する活動を見直す傾向にあります。

■物理的、社会的環境への責任／ドラッカーの言葉

全ての組織のマネジメントは、自分達の本来の活動が人々に与える物理的及び社会的な環境への影響など、産出物に対して責任を負う。

ドラッカーの云う産出物には、自らが行なっている活動や作り出している製品やサービス、それらの副産物や産業廃棄物、それらが与える自然環境や社会環境に及ぼす影響を含みます。21世紀は、個人が作り出したコンピュータウィルスが、世界中の人々に悪影響を及ぼすことを考えると、社会的責任の範囲は地球規模に広がっています。

■ISO26000に見る社会的責任の内容

ISO26000は、社会的責任の目的は「持続可能な発展に貢献する」ことであり、7つの基本原則（説明責任、透明性、倫理的な行動、ステークホルダーの利害の尊重、法の支配の尊重、国際行動規範の尊重、人権の尊重）と、次に挙げる7つの中核課題から成り立っています。

1 組織統治：社会的責任を組織として取組む組織のリーダー層の役割など。
2 人権：デューデリジェンス*、ダイバーシティ、人権保護など。

* デューデリジェンス
人権侵害を防止するための仕組みづくりを組織的に行なうこと。レアメタル（希少鉱物）をめぐる内紛や国際紛争による人権侵害に関わっているサプライチェーンを公開すること、またこの考え方は環境保護や労働慣行の適正化にも適用される。

3 労働慣行：労働条件の保護、ワークライフ・バランス**など。

4 環境：自然環境の汚染予防、持続可能な資源利用、生物の多様性保護など。

5 公正な事業慣行：フェアトレード、バリューチェーンなど。

6 消費者課題：安全である、知らされる、意見が聞き入れられる権利など。

7 コミュニティへの参画とコミュニティの発展：事業所地域の住民との共生。

■株主への情報提供の例

グローバル企業のユニリーバは、2011年から、株主の所有するタブレットへの情報提供を開始しました。これは、IR（株主への情報提供など関係性の構築）としての株主への財務報告、業績資料の開示、経営者からの動画による株主へのメッセージ、株価情報の提供と株式取引サイトとの連携による株取引の利便の提供などが主な機能です。このようなシステムを構築した経緯は、すでに株主の多くがタブレットのユーザーであることと、情報開示の多様性を実現するためだといいます。

** ワーク・ライフ・バランス
2010年6月に「仕事と生活の調和（ワーク・ライフ・バランス」の憲章と推進のための行動指針が、政府の関係大臣、経済界代表、有識者からなる仕事と生活の調和官民トップ会議で合意された。今後の進展が注目される。

ISO26000 の概要図

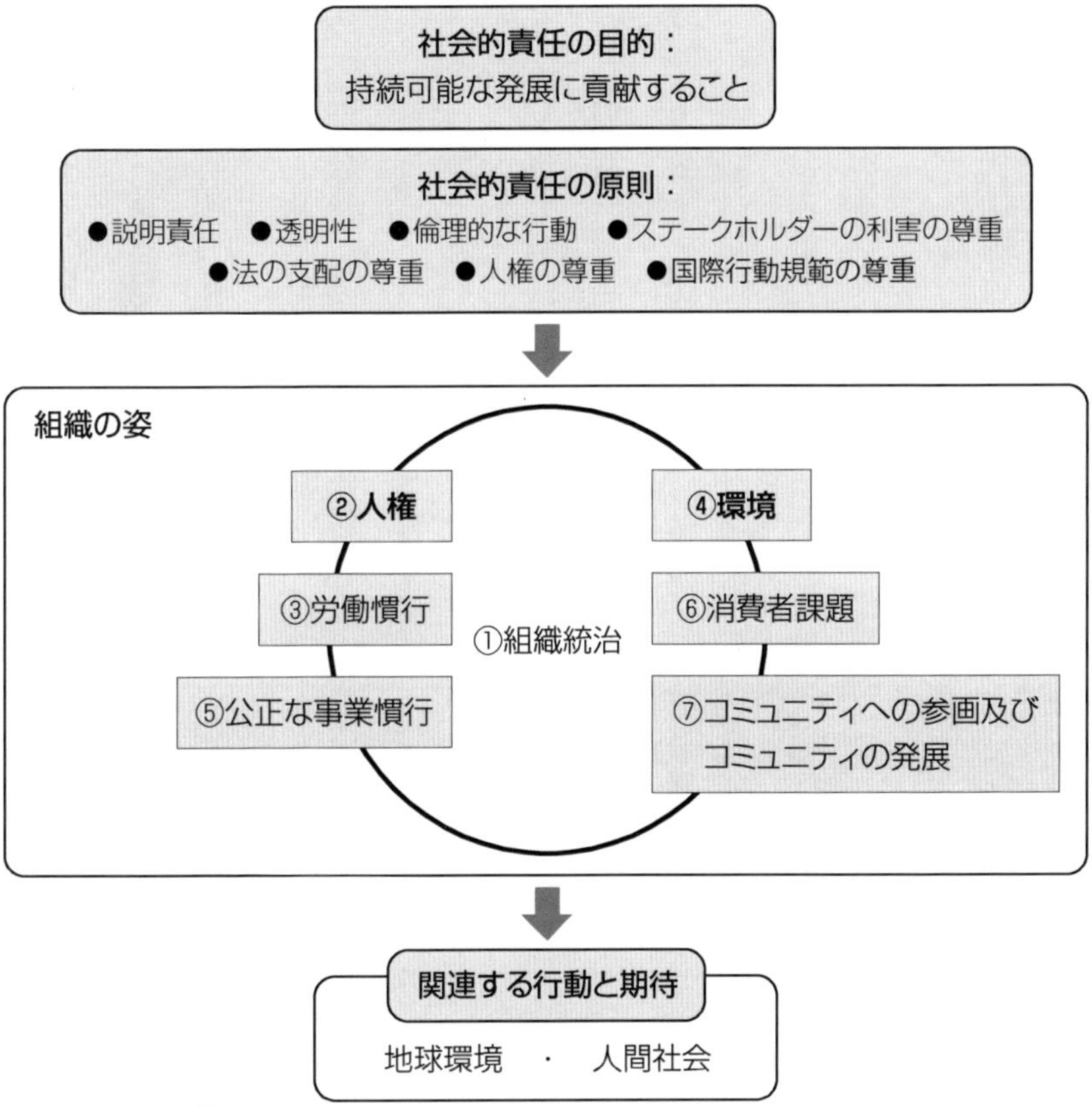

(ISO26000「社会的責任に関する手引」を参考に作成)

社会的責任の情報の条件

ＩＳＯ２６０００は、組織全体に社会的責任を徹底するための情報基盤を構築するよう勧めており、社会的責任に関する情報の条件として次を挙げています。

1. 完全である：全ての重要な活動と影響を網羅し正しいこと。
2. 理解しやすい：コミュニケーションに関与する人々と、ステークホルダーが理解できる言語、資料の記述方法によること。
3. 敏感（対応が早い）である：ステークホルダーの関心に対して。
4. 正確であること：事実に基づくこと。
5. バランスが取れている：公正かつ活動の影響に否定的な情報も省かない。
6. 時期を捉えている：古い情報であってはならない、タイムリーである。
7. 入手可能である：特定の課題に関する情報をステークホルダーに開示する。

マネジメントは、社会の問題を予期し解決することを、ますます期待されている。

とドラッカーは述べています。

株主
CEO
株主
環境調査書

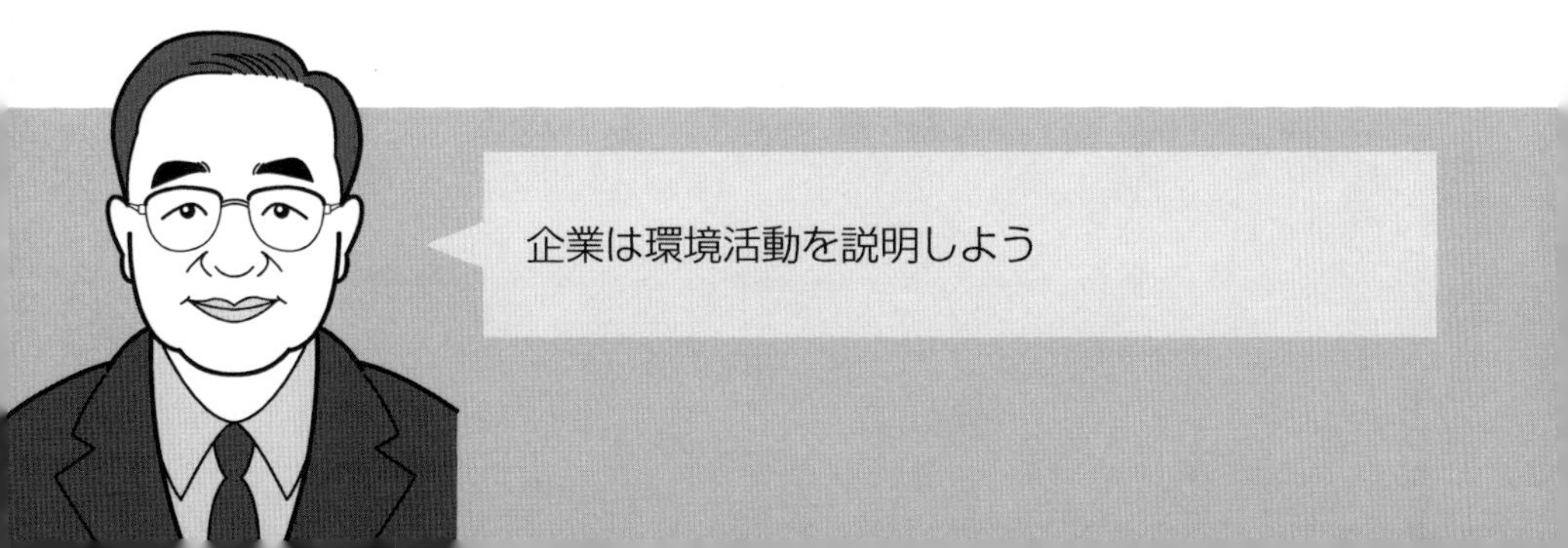
企業は環境活動を説明しよう

KEY WORD

●センサー

仕事、個人、社会生活にまでITが普及するに従って、エアコンに組み込まれた温度センサー(温度を感知する装置)、スマートフォン、タブレット、デジカメ、カーナビゲーションなどに使われている器機の傾きや振動を察知するジャイロセンサー(各速度センサー)、この他にも、光リモコン、赤外線センサー、視覚センサー、味覚センサー、圧力センサーなど多数のセンサーが開発されています。これらが発する変化や信号をITが受けて適切な処理をする判断も行って、機械を制御しているのです。

●スマートグリッド

電力需給のバランスをとるという社会的課題が注目される中、IT活用による電力需要と供給量とを自動的に調整できるネットワークによって制御された電力網のこと。発電設備、電気機器、電気自動車に至るまでのすべての電気機器の制御機器（スマートコントローラーやスマートメーターなど）をネットワークでつないで実現するもので、節電や省電力、環境保護にも貢献できる新しい社会インフラ（電力基盤）として注目されています。

●事業継続管理（BCM）

会社や組織が何らかの被災を受けた場合も、被災前の事業を変わりなくもしくは最小限の縮小にとどめ本来事業を継続させるための活動をマネジメントすること。被災状況と従業員の安否確認、必要な回避策、リカバリー施設の投資、従業員の教育と訓練、IT機器の対策などを、事業継続計画（BCP）として作成し、定期的な訓練を実施する。サプライチェーンやバリューチェーン全体の事業継続管理が重要です。東日本大震災、原発事故後に改めて事業継続管理の重要性が認識された。

●バリューチェーン

経済連鎖全体について関心を持つことの重要性をドラッカーは説いています。特に開発途上国の資源（生物など自然資源、地下資源、労働資源、文化・知的資源など）に関する調達や取引を行う場合、公正な取引（フェアトレード）を遵守することは、当然なことです。川上を云うSCMよりも川下も含んだ広い範囲の連鎖まで視野を広げて取組むこととして、ISO26000においては、公正な事業慣行に関する課題として、バリューチェーンにおける社会的責任の推進を重要な課題としています。

◇あとがき

多くの会社や組織では、知識労働者の生産性の向上を課題としています。この解決策としては、一人ひとりが意欲をもち責任をもって働くことはもちろんですが、道具であるＩＴ（情報とコンピュータ）も上手く使いたいものです。個人としてスマートフォンやタブレットを楽しめても、仕事で成果を出せず、働く環境が非効率で時間を浪費する状況では、精神的にも良い生き方とは言いがたいと思います。

今の時代、自分が成長するだけではなく、誰かと共にする仕事をより良くするためにも、ドラッカーが言うように、誰が、どのような情報を、いつ、どこで必要としているかを考えることが大事ですし、入手すべき情報、提供すべき情報を整理して、ＩＴ専門家に伝え、一緒にシステムをつくることが大切になったと言えるのです。

一人ひとりの個性が活かされることで、より良い組織がつくられる。社会的な課題は、本業との関わりの中で解決しながら、より良い社会を築いていく。

情報の目的は知識ではなく、正しい行動ができることである（『明日を支配するもの』）。

すぐ手が届くところにゴールがないかもしれませんが、ドラッカーが説いた「マネジメント」とITを活用して、私たち一人ひとりがより良い働き方をすることは可能です。本書を書きながら強く感じた次第です。

本書の執筆には、IT活用事例の調査が不可欠でした。ご多忙の中にもかかわらず協力をいただいた日経情報ストラテジー主催CIO養成講座の受講企業の有志の方々（事例提供・協力企業等参照）には、心より感謝申し上げます。

また本書の刊行にあたり多くの皆様のご協力をいただきました。企画段階では、西頭恒明氏（現日経ビジネス副編集長）、販売部次長上村健之氏、また編集段階では日経情報ストラテジー編集長の酒井耕一氏、販売部次長の滝本充氏、徳田育美氏、イラストと製作などでご協力をいただいたスタッフの皆様、心より感謝申し上げます。また「図解ドラッカー入門」（中経出版）の読者の皆様、私を支援して下さった多くの方々にも心より御礼申し上げます。

そして最も大きな謝意を、ドラッカー先生とご家族に捧げます。

◇参考文献 （主なもの）・IT活用事例提供企業

【ドラッカー関連】

和訳書については特に記述がないものは、P・F・ドラッカー著、上田惇生訳、ダイヤモンド社。
原著については特に記述がないものは、P. F. Drucker著

・『企業とは何か』・『Concept of the Corporation』(Transaction Publishers)
・『現代の経営』・『The Practice of Management』(Harper & Row, Publishers, Inc.)
・『創造する経営者』・『Managing for Results』(Harper & Row, Publishers, Inc.)
・『経営者の条件』・『The Effective Executive』(HarperCollins Publishers, Inc.)
・『マネジメント―課題、責任、実践』
・『マネジメント　務め、責任、実践』(ピーター・ドラッカー著、有賀裕子訳、日経BP社)
・『Management: Tasks, Responsibilities, Practices』(Harper & Row, Publishers, Inc.)
・『状況への挑戦―実践マネジメント・ケース50』・『Management Case』(Harper & Row, Publishers, Inc.)
・『乱気流時代の経営』・『Managing in Turbulent Times』(Harper & Row, Publishers, New York)
・『日本　成功の代償』・『Toward the Next Economics, and Other Essays』(Harper & Row, Publishers)
・『イノベーションと企業家精神』・『Innovation and Entrepreneurship』(HarperCollins Publishers)
・『マネジメント・フロンティア』・『The Frontiers of Management』(Harper & Row, Publishers, New York)
・『非営利組織の経営』・『Managing the Non profit Organization』(HarperCollins Publishers)
・『未来企業』・『Managing for the Future』(Truman Tally Books / Plume, New York)
・『すでに起こった未来』・『The Ecological Vision』(Transaction Publishers)

・『未来への決断』・『Managing in a Time of Great Change』(Truman Tally Books)
・『挑戦の時―P・F・ドラッカー◆中内功往復書簡①』・『Drucker on Asia』(Butterworth Heinemann)
・『創生の時―P・F・ドラッカー◆中内功往復書簡②』同右
・『明日を支配するもの』・『Management Challenges for the 21st Century』(HarperCollins Publishers, Inc.)
・『ネクスト・ソサエティ』・『Managing in the Next Society』(Truman Tally Books)
・『P・F・ドラッカー　理想企業を求めて』(エリザベス・ハース・イーダスハイム著、ダイヤモンド社)
・『The Definitive Drucker』(Elizabeth Haas Edersheim, McGraw-Hill)
・『図解ドラッカー入門』森岡謙仁著、中経出版

【その他書籍(主なもの)】

・『経営の未来―マネジメントをイノベーションせよ』ゲイリー・ハメル、ビル・ブリーン著、藤井清美訳、日本経済新聞出版社
・『倒産の研究』日経ベンチャー編集部、日経ＢＰ社
・『ビル・ゲイツを3人探せ　サムスン流人材育成法』金榮安著、青木謙介訳、日経ＢＰ社
・『ＩＴで実現する　震災・省電力ＢＣＰ　完全ガイド　システム視点で事業継続計画を見直す』日経ＢＰ社
・『成功は一日で捨て去れ』柳井正著、新潮社
・『日本でいちばん大切にしたい会社』坂本光司著、あさ出版
・『ハーレーダビッドソンジャパン実践営業革新―「顧客価値を売る」真実』奥井俊史著、ファーストプレス

【新聞雑誌】

・日本経済新聞・日経産業新聞・日経ＭＪ・日経ビジネス・日経メディカル

・日経ヘルスケア・日経情報ストラテジー・日経コンピュータ

［事例提供及び協力企業等（五十音順）、（事例組織名）］

・株式会社ジェイティービー、株式会社i・JTB（株式会社JTBコミュニケーションズ、株式会社JTB首都圏）
・アミュレット株式会社（中央大学経営システム工学科価値工学研究室）
・株式会社イエローハット
・伊藤IT経営研究所（株式会社岩倉種苗店）
・住友セメントシステム開発株式会社
・日本パレットレンタル株式会社
・株式会社バンダイナムコホールディングス
・ポリプラスチックス株式会社
・株式会社マイプリント
・総合メディカル株式会社
・ヤマトホールディングス株式会社
・ユニリーバ・ジャパン・ホールディングス株式会社
・ローランド ディー．ジー．株式会社

著者プロフィール

森岡謙仁（もりおか　けんじ）

経営・ものづくり・DXアドバイザー　アーステミア有限会社　代表取締役。

精密機械メーカーの品質管理部門、独立系コンピューターディーラーの開発部門取締役などを経て、1992年より現職。企業経営実務と情報システムの両面に明るく、上場企業・中堅企業の多数の情報システムの構築と業務改革に携わる。現役のCDO・CIOを支えるとともに全社IT組織および全社デジタルガバナンスの構築と改善、DX推進の助言・指導、IT/DX部門の若手人材や中堅社員、経営管理者の育成に活躍中。

「CIO（最高情報責任者）養成講座」「業務改革プロジェクトリーダー養成講座」「DX/システム部の課長とその候補・PMOの実践力キャリア開発講座」「現場を支える若手のための実践トレーニング」講師（日経BP）、日経記事で学ぶドラッカーシリーズ「マネジメント」「マーケティングとイノベーション」「働き方と業務改革」実践活用法講師を歴任（日経ビジネススクール）。ドラッカー「マネジメント」研究会、マネジメントの小さな学校を主宰するとともにドラッカーが説いたマネジメント・スコアカード（MSC）の研究と普及に努める。

「ドラッカーに学ぶ！管理職養成講座」（日経BP）、「図解 ドラッカー入門」（KADOKAWA）、「ドラッカーの実践!! MOT（技術経営）リーダーのマネジメントスキルアップとテンプレート集」監修共著（新技術開発センター）など多数。

教えてドラッカー
働く私はITでどこまで伸びるの？

2012年 7 月30日　第 1 版第 1 刷発行
2025年 6 月 2 日　　　　第6刷発行

著者　森岡 謙仁
発行者　浅野 祐一
発行　株式会社日経BP
発売　株式会社日経BPマーケティング
〒105-8308　東京都港区虎ノ門4-3-12
装丁　クニメディア
制作　クニメディア
印刷・製本　株式会社DNP出版プロダクツ

本書籍に関するお問い合わせ、乱丁・落丁などのご連絡は下記にて承ります。
https://nkbp.jp/booksQA
ISBN978-4-8222-3039-5　Printed in Japan